“神対応”からはじめるファンマーケティング

宍戸 崇裕 著
Shishido Takahiro

同友館

はじめに

読者のみなさんは、何かのファンですか？

その対象は人ですか？　モノですか？　企業ですか？　またはそのどれでもないナニカですか？


ファンマーケティングを進めていく上で、『何かの熱狂的なファンであること』、また、『ファン心理の理解』は非常に重要なものです。


『ファン』とは、明確な定義のない、ふわっとした定性的な言葉であり対象です。

それをできるだけ定量化し測定することができれば、企業やブランド側としては、費用対効果や投資対効果なども明確になり、

『ファンを大事にすることが企業の永続的な成長に繋がる』

という流れになると考えています。ファンマーケティングを進めていく企業が増えることが、ファンにとっても良い未来につながっていくのではないかと考えています。

現状、ファンマーケティング担当者、ＳＮＳ運用担当者を専任で配置している企業やブランドは決して多くありません。

どれだけのリソースをかけて、どういう目標設計をすべきか。

そして、そのための情報発信やファンとのコミュニケーションなどをどのようにやっていくと効率的に成果に繋げやすいのか、という点についても言及していきたいと思っています。

本書は、ファンマーケティングにおける各種ノウハウや、ファンの創り方、効果的にＳＮＳを活用する方法など、教科書のような存在と捉えていただけると嬉しいです。

ファンの定義やスコアリング手法など、ＢＯＫＵＲＡが特許を取得している部分についても余すことなくお伝えしていきます。

※特許第７３１２３８４号

イメージしやすいよう、事例もふんだんに盛り込んでいます。

みなさんは何のファンですか？

漫画…
飲食店…
アイドル…
ブランド…
スポーツチーム…

キッカケは？
どこが好きなの？
ずっと好きなのはなぜ？

余談ですが、私の実家は１００年以上続く八百屋です。野菜を買いに来るという目的以外に、店番をしている父親や母親に会いにくるお客さん（ファン）を、幼い頃から間近に見て育ってきました。多額の広告宣伝費をかけずとも着実に売上、利益を積み重ね、長寿企業となっていく様を見てきたことで、自然とファンを創る重要性に気付いたのかもしれません。

２０２４年現在、ファンマーケティング事業のＢＯＫＵＲＡを創業して９年目。
これまで築いてきた様々なノウハウや実績を集めた本書が、皆様のお役に立つことを
心より願っております。

目次

第5章　ファン心理……97

第1章

事例でわかる「ファンマーケティング」

若年層のファン創り
ハンドクリームの老舗『ユースキン製薬』

『ユースキン製薬』は、1955年創業のハンドクリームの老舗です。

オレンジの特徴的な容器や黄色いクリーム、多くの好意的な口コミにより長年ファンから愛されているブランドです。

リアルイベントや紙媒体など、比較的アナログな情報発信を行ってきたブランドであり、特にユースキン製品の愛用者（リピーター、ファン）を集めた格言選考会という取り組みはユースキン製薬の野渡社長はもちろん、多くの社員が協力してファンの方々へ接するもので、

『ハンドクリームという商品だけでなく、社長や社員の方々の人としての魅力』

ユースキン製薬　ご担当者様

出所：ユースキン提供

を強く感じる会社です。この格言選考会、何と2000年から20年以上続けているそうです。

それ以外にも、お客様からお礼のお手紙が会社宛てに届いた際には、一通ずつ手書きの返信をすることを先代社長の時から続けられており、製品に封入したアンケートに対してお客様から返信があった際にも、社員の皆さんが手分けをしながら返信をされてきたり、とお客様との丁寧なコミュニケーションを大切にしています。

そんなユースキン製薬も、若年層への認知

を広げるための取り組みや、より多くの人の手荒れを改善したいという想いで、２０１６年頃にＳＮＳなどデジタルの取り組みについてご相談いただきました。

２０１６年当時は、ユースキン製薬の公式Twitterアカウント、公式Instagramアカウント共に、どちらかというと情報発信メインのアカウントになっており、ホームページの延長としての使い方だったように思います。

『ＳＮＳは拡散ツールでもあり、コミュニケーションツールでもある』

とお伝えし、ユースキン製品を使ってくれた方や、ユースキンを買おうか迷っている方、手荒れに悩んでいる方をＳＮＳ上で発見し、一人ひとりに丁寧にコメントしていくことから始めましょう、というところからＢＯＫＵＲＡとユースキン製薬のファンマーケティングは始まりました。

ＳＮＳ上で『ユースキン』と検索すると、２０１６年当時Instagram上では約１２００件程度のユースキン利用者の投稿がありました。

『ユースキンのミッフィーパッケージ可愛すぎて大量に購入！』

『ユースキンの蓋は無地だから子供がお絵かきしました！』

……などのような投稿が溢れていました。

そういった投稿に対して、ユースキン公式ＳＮＳアカウントから、

『ご購入いただきありがとうございました！　秋から冬にかけて手荒れやしもやけなどにならないようハンドケア進めていきましょう！』

……といったようにファン一人ひとりに対して、個別にコメントを送っていきました。

投稿されているテキスト文章はもちろん、過去にどんな画像を投稿されているのか、プロフィールにはどんなことが書かれているのか、手荒れに悩んでいないか？・・・など最大限推測した上で、『ドラッグストアの店員さん以上友だち未満のような存在』で語りかけにいきます。

ユースキンというワードを含めてSNSに投稿している方のほとんどが、

『ユースキンを使っていることを会社に伝えたい！』

と思っているわけではなく、友人や知人などにこんな良いモノがあったよ！と伝えたいわけです。

そういった方々を能動的に見つけては、

『ご利用いただきありがとうございます』と声をかける。

これは、店頭で『いらっしゃいませ』や、『お買い上げありがとうございます』と声をかける接客と一緒です。

店頭では当たり前のように行う接客を、ＳＮＳやオンライン上でやっている企業は少ない。

だからこそ、ＳＮＳ上でコメントをもらった方の多くが、

『ユースキンさん、わざわざコメントくれるなんて素敵！』

となるわけです。

もちろん、見返りを求めるわけではなく、純粋に使ってくれていることへの感謝や正しい使い方のアドバイスなどをお届けする。

そうすることで、投稿者から、

『ユースキンさんがわざわざリプをくれた上にフォローまでしてくれて今年も断然ユ

ースキンにする‼』

『ユースキンの事つぶやいたら公式さんがフォローしてくれてた！　いつもお世話になってます！』

……というようなかたちで好意的な反応を示してくれる方が沢山います。

※２０１６年当時、Instagram上でユースキン投稿者の数は約１２００件程度だったのが、２０２４年時点で１９０００件に（10倍以上の投稿数に）。

商品の質が良いのを知っているだけでなく、ユースキン製薬という会社の温かみにも好意を感じてファンになる人が増えていくこともあるのです。

結果、ユースキン製薬という会社から特別お願いしたわけでもない状況で、ファンの

SNS上でのユースキンについてのユーザー投稿

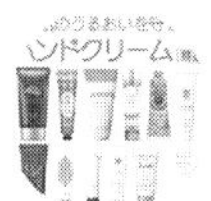

#ユースキン
投稿1.9万件

フォロー中

最新

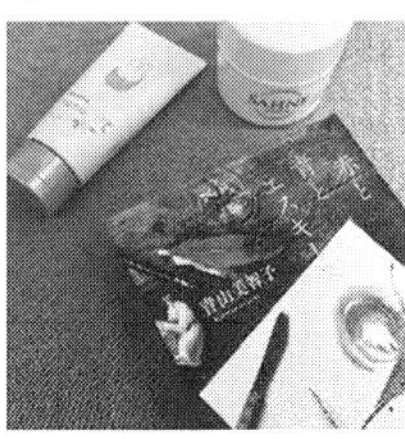

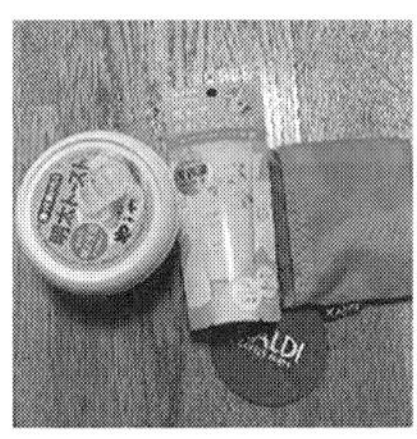

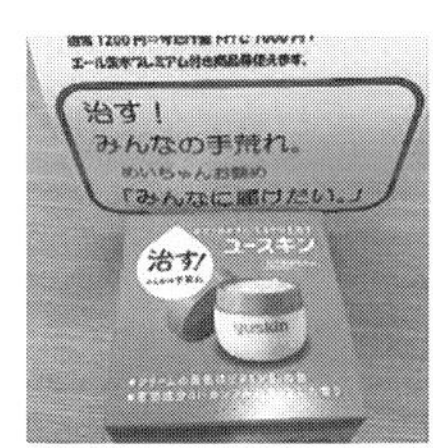

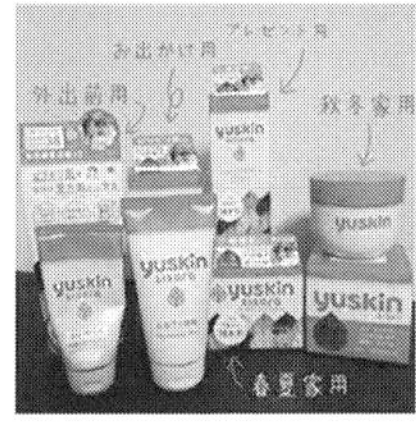

出所：ユースキン提供

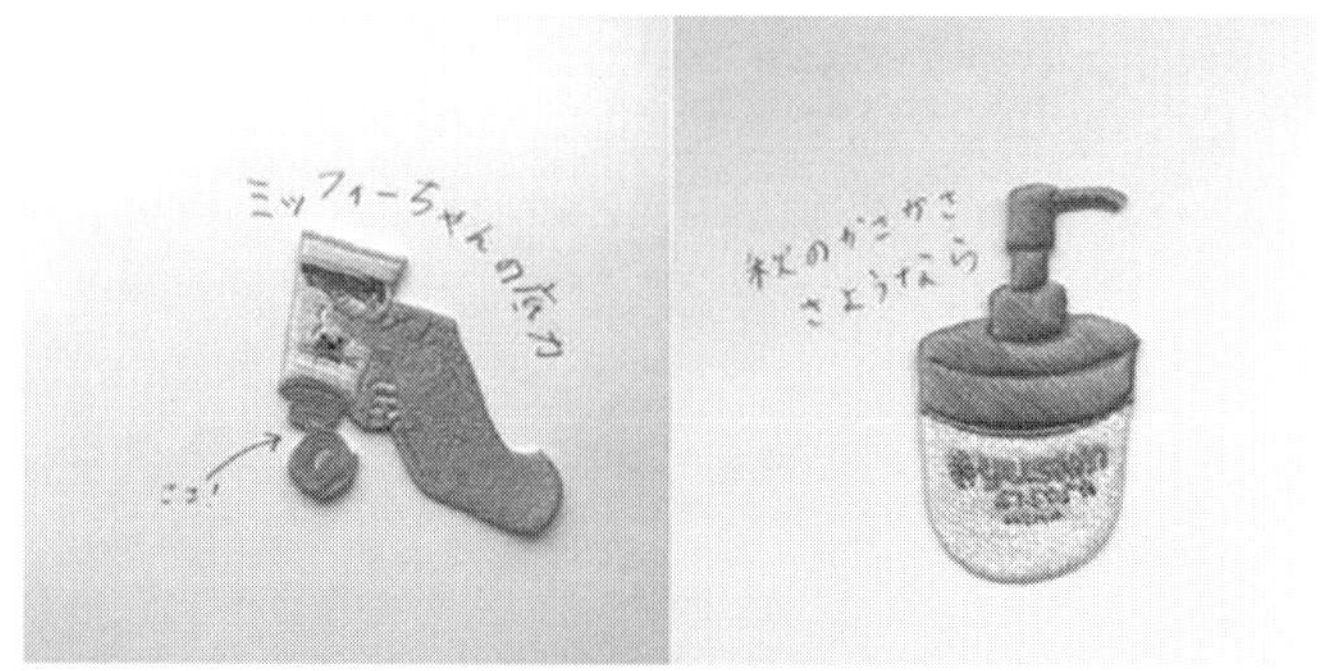

Instagramアカウント
@mamehana.embroidery

Instagramアカウント
@wancolog

Instagramアカウント
@melissa_officinails

出所：ユースキン提供

広告とは違った形でより多くの方へ商品や会社の姿勢についての認知が広がっていく』

ということです。

そして、ここからがファンマーケティングの具体的な話となりますが、見つけ出したファンを、

・愛
・知識
・売上
・推奨

……という4つの軸で測定していきます。

※ファンを定量的に測定すること自体が失礼になってしまう可能性もありますが、より一人ひとりに向き合い、一人ひとりに対して最適なコミュニケーションを図るために必要なこととして捉えています。

多くの企業がファンや利用者を『売上』という定量的な観点で分類をしています。
より多くの売上貢献してくれている方をファンと定め、ポイントを付与したり、特別体験を提供したりしているわけです。

中には、ＮＰＳ（ネットプロモータースコア）調査を行い、推奨度合いなども含めて定量的な分類をしている企業もあるかもしれません。

ＢＯＫＵＲＡとしては、これまで２０１５年からファンマーケティングに向き合ってきた中で、

『売上、推奨・・・の観点だけで本当に良いのか？』

という疑問を持ち、様々な業種業界の企業と取り組んできた結果、売上や推奨以外に、愛、知識の2つの観点が重要だと気付いたのです。

売上（購入する）、推奨（おすすめする）という行動を起こす前に、人は、その企業やブランドや商品に対する愛情や知識を持っている状態になるのではないか？・・・・と。愛情や知識を持っている状態だからこそ、売上や推奨といった行動を起こしやすくなるのだと考えています。

そして、売上や推奨という行為以外にも愛情を持ってくれること、正しい知識や競合商品との違いを認識してくれていることだけでも、企業やブランドにとってはかけがえのないファンなのではないか？・・・・と。

例えば、高級車が好きな中学生がいたとしたら、その高級車のブランド担当者はその中学生をファンと認定するでしょうか？
現状は認定しないブランドが多いのではないかと思います。
何故なら売上として貢献してくれるお客様という可能性が低いからです。

しかし、その中学生はその高級車についての愛情を人一倍持ち、競合ブランドとの様々な違いを知識として持ち、親や親戚などに強烈に推奨してくれている存在かもしれません。

そういった、売上として貢献はしていないが、愛、知識、推奨という、売上以外の3点も加味した上でファンを定量的に分析していくことで、より効率的な営業活動や広告宣伝が出来るのでは？……と考えています（その中学生はいずれ、大人になった時に売上としても貢献してくれる可能性大です）。

このファン定義（愛・知識・売上・推奨）を定量化しやすいように、それぞれを5段階に分けると左の図のようなかたちになります。

ファン定義4種

愛
1.未体験
2.体験者
3.体験＋感想
4.意見・要望
5.欠かせない存在

売上
1.購入歴無し
2.興味・購入意思有り
3.購入者
4.回数・頻度が多い購入者
5.継続年数・投下金額が多い購入者

知識
1.知らない
2.興味関心有り
3.自然と見聞きするレベルの知識
4.個々での情報収集が必要な深い知識
5.社員レベルの知識

推奨
1.推奨経験無し
2.指定ワードを含まない推奨
3.指定ワードを含む推奨
4.指定ワード＋ポジな意見や感想
5.他人の行動を促す推奨

※BOKURAで特許取得済み：特許第7312384号

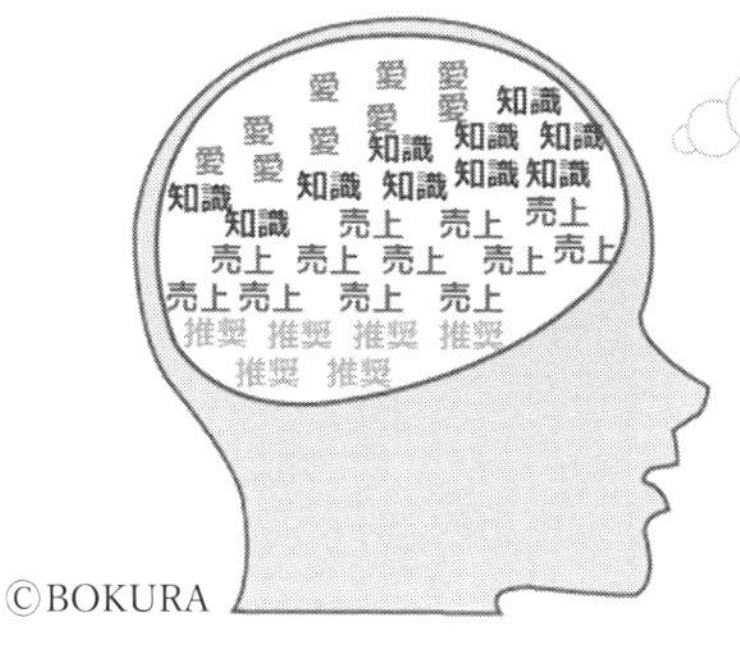

愛
知識
売上
推奨
ブランドの事めっちゃ好き！
もっともっと深くまで知りたい！
もっともっとお金も落としたい！
勝手に広告塔になります！

©BOKURA

ファン定義を定量化

愛
1.未体験
2.体験者
3.体験＋感想
4.意見・要望
5.欠かせない存在

売上
1.購入歴無し
2.興味・購入意思有り
3.購入者
4.回数・頻度が多い購入者
5.継続年数・投下金額が多い購入者

知識
1.知らない
2.興味関心有り
3.自然と見聞きするレベルの知識
4.個々での情報収集が必要な深い知識
5.社員レベルの知識

推奨
1.推奨経験無し
2.指定ワードを含まない推奨
3.指定ワードを含む推奨
4.指定ワード＋ポジな意見や感想
5.他人の行動を促す推奨

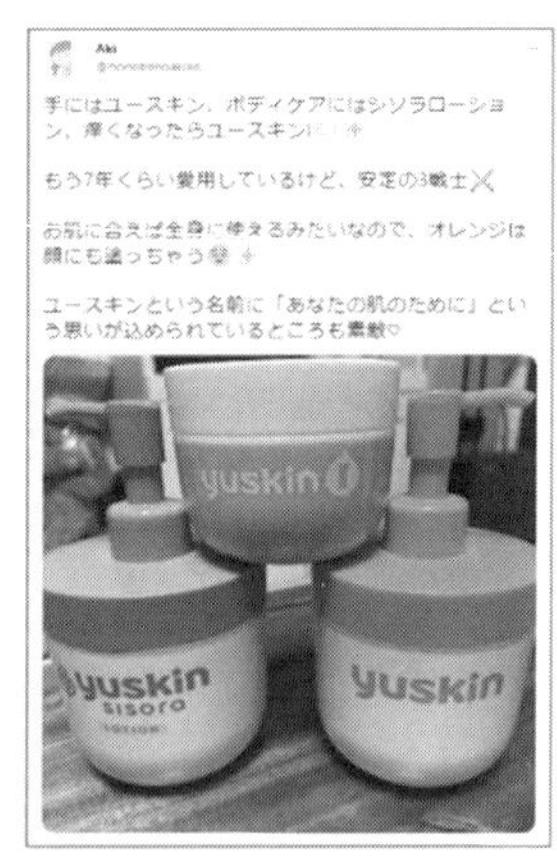

…合計：15点/20

出所：ユースキン提供資料を基に筆者作成

実際、この投稿をこのファン定義の表に当てはめると何点になるでしょうか？

『愛』で言うと、体験をしていて感想も伝えてくれているので、〝5点満点中3点〟になります。

『知識』で言うと、〝お肌に合えば全身に使えること〟や〝ユースキンという名前に込められている想い〟など、個々で情報収集をしないと得られない知識を持ってくれているため、〝5点満点中4点〟になります。

『売上』で言うと、〝7年くらい愛用している〟、〝3種類の製品を愛用している〟ということから、購入回数や頻度が高いと推測ができ、〝5点満点中4点〟になります。

『推奨』で言うと、ユースキンというワードが投稿文章内にポジティブな意見と共に含まれているため、〝5点満点中4点〟ということが分かります。

つまり、この投稿をされている方のファンスコアは、

愛　：3点
知識：4点
売上：4点
推奨：4点
……合計：15点（20点満点）

になるということが分かります。

このような形で、この方の投稿やプロフィールを見に行き、『過去の投稿内容』、『友達とどういうやり通りをしているか』、『ワンちゃん、猫ちゃん飼っているのかな？』など、プライベートな面も全部ひっくるめて確認し、この方が、愛・知識・売上・推奨で言うと何点なのか、というように点数を計算し数値化しています。

こうしてファンスコアを定量的に測っていくことで、一人ひとりに適した対応が出来るようになるわけです。

結果、一人ひとりに神対応をすることができます。

神対応されたファンはより濃いファンになり、ユースキンの代わりに多くの手荒れに悩む方へ推奨してくれるようになる。

ユースキン製薬のコーポレートステイトメントである、『あなたの肌のために。』が世界中に広まっていく良い流れの根幹なのだと思います。

また、濃いファンを集め、リアルイベントを開催したり、ZOOMを使ったファンMTGなどを開催したりもしています。

その中で、

『ユースキンでノベルティを作りたいと思います。ファンの皆さん、アイディアを考

ファンイベント「ユースキン特命大使交流会」

出所：ユースキン提供

えてもらえませんか？』

……と募ったところ、様々なアイディアがよせられました。

イラストのクオリティも含めて本当に素晴らしいアイディアが沢山あがってきました。

特にストラップのアイディアは、

・カバンに入れて持ち歩きたい。ストラップがついていることでいつでも取り出しやすい

・チューブタイプは蓋をあけると指を入

ZoomによるファンMTG

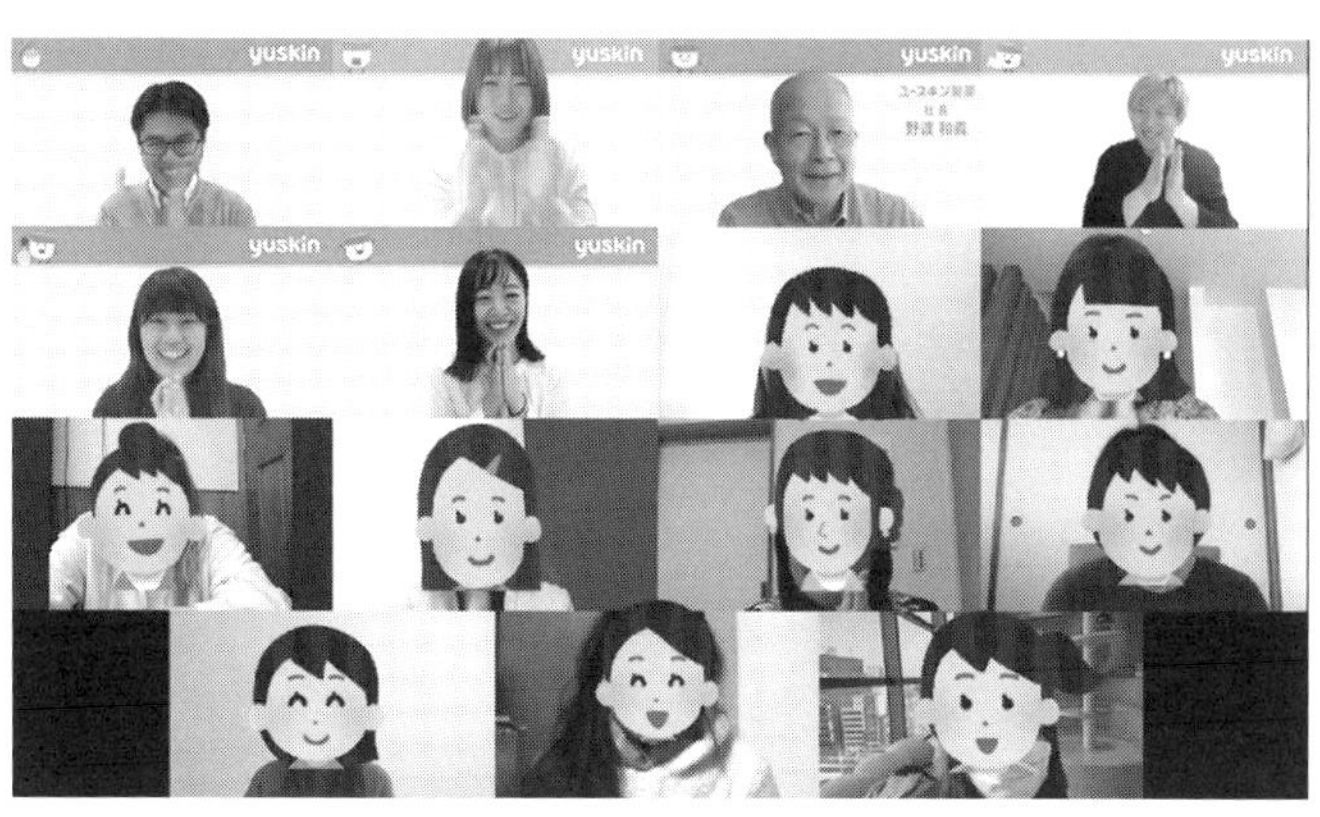

出所：ユースキン提供

れられるくらい入口が広くなっていて最後まで取り出しやすいことを知って欲しいから、あえてストラップホールを作るのではなく、蓋をはずして付けてもらう

……など、ファンならではのアイディアでした。

そしてアイディアを募るだけでなく、実際に形にしてみたのです。

ファンの立場からすれば、

『自分の案がここまで採用してもらえた、

ファンからのアイディア例

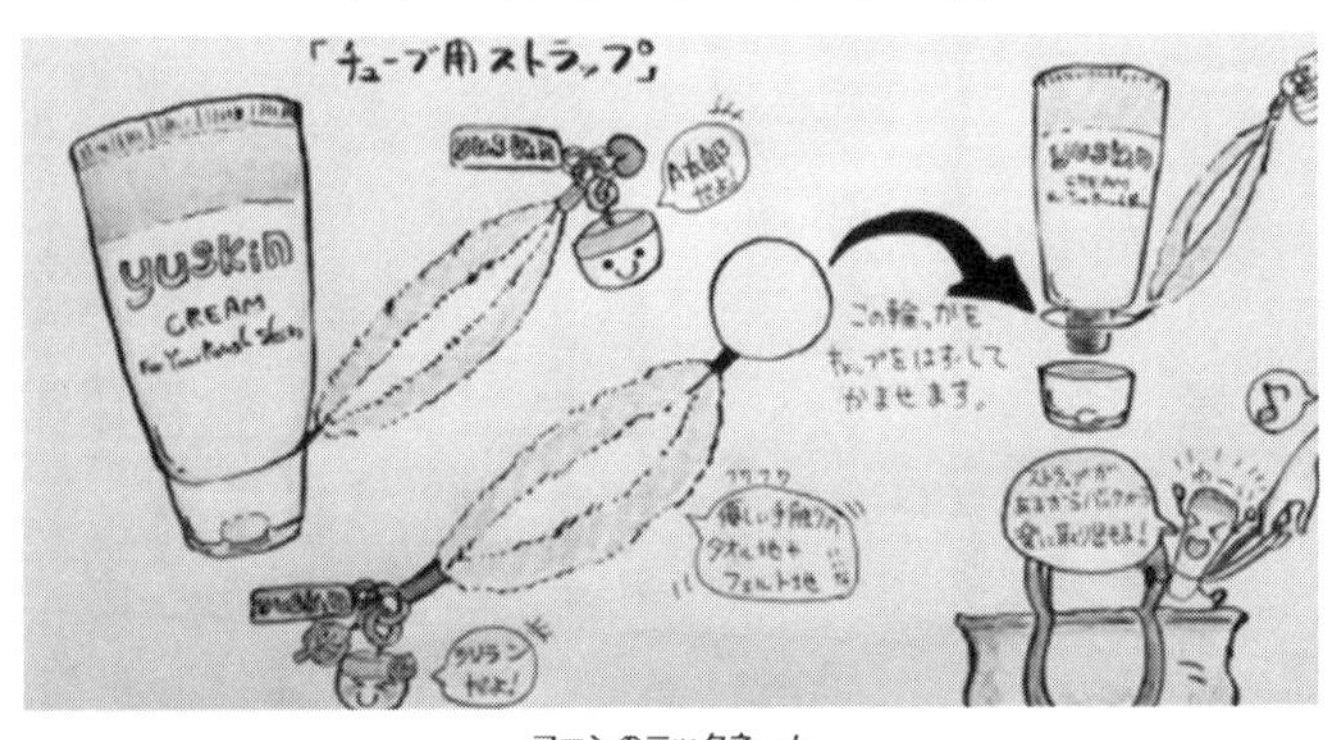

ファンのニックネーム
まるん

出所：ユースキン提供

巻き込んでもらえた』

というような嬉しさもあると思います。

またユースキン側では、

『自分たちだけでは思いつかなかった企画をファン側から出してくれて、その案を採用できた』

という流れができました。

つまり、企業側、ファン側それぞれにとってプラスの側面がある、ということが分かります。

企業が上、消費者が下・・・という構図ではなく、企業も消費者も対等。もしくは時によって企業が消費者から教えてもらう・・・という素敵な形になっています。

ユースキン製薬の場合、先代社長の時からファンに寄り添い、ファンと対話してきた土壌があったことで、ＳＮＳを使ったファンマーケティングにもすぐ馴染めたのかもしれません。

100年企業を目指したファンの可視化
とんかつの老舗『まい泉（井筒まい泉株式会社）』

読者の皆さんは、『まい泉』（https://mai-sen.com/）のヒレかつサンドやとんかつを食べたことはありますか？

私が初めて『まい泉』を食べたのは、高校生の時にアルバイトをした際にお弁当として出てきた「ヒレかつサンド」でした。

今回ファンマーケティング支援をさせていただく中での打ち合せ時、プライベートで食べに行った時、出張時に新幹線で食べた時・・・それぞれにおいて、聞けば聞くほど細かなこだわりポイントが沢山あり、美味しさだけではない魅力的なポイントがいくつもある企業であることを実感しています。

・良質な豚肉へのこだわり
・オリジナルブランド豚『甘い誘惑』
・丁寧な下ごしらえ
・パン粉へのこだわり
・塩へのこだわり
・4種類のオリジナルソース
・パン粉付けマイスター制度による技術承継
・『お客様の美味しい笑顔』の為に実践されている様々な施策・・・など。

『井筒まい泉株式会社』は、1965年に創業し、創業社長（小出千代子さん）のカリスマ性で約70億円まで売上が伸び、その後、サントリーグループに。海外展開など含めて売上は120億円にまで伸長しました。

『まい泉』、実はこれまでほぼ広告宣伝などをやったことが無かったそうです。長い年月をかけてファンを創り、ファンが新たなファンを呼ぶ流れが出来上がっている企業と言えます。

では、今後どのようにファンマーケティングを進めていくのか。

最初に実施したのは、『ファンの可視化』です。

Twitter や Instagram、LINEなどでファンとの繋がりを持っていたため、その方々へ、

・まい泉の利用年数
・まい泉を利用し始めたきっかけ
・まい泉を利用し続けている理由
・まい泉のSNSアカウントをフォローしていますか？
・まい泉から発信して欲しい内容は？

・まい泉が宅配でも注文できることを知っていましたか？
・良く行くお店は？
・来店頻度は？
・直近1年の購入金額は？
・レストランがあることを知っていましたか？
・好きなメニューは何ですか？
・友人、知人におススメしたことはありますか？
・まい泉に伝えたいことは？
・(任意で）利用しているSNSアカウントを教えてください
……など、30問以上に渡るアンケートにご回答いただきました。

これらの回答結果から、

『ファンに愛されている理由』
『ファンが何を求めているのか？』
『ファンがまい泉にハマっていく過程』

……などを想定することが出来るようになっていきます。

統計データを取ることが目的ではなく、ファン一人ひとりに向き合い、『●●さんはこういう回答をしているということは、●●さんにどういう対応を今後していくと更にファンになってくれるか？』

……というイメージです。

もちろん、全ての人に向き合うことは工数上不可能かもしれません。

ただ、ファンに向き合い続けることでそのファンがまた新たなファンを創ってくれるかもしれないのです。

2024年1月現在、まい泉の公式SNSアカウントLINE、Twitter、Instagramは15万人弱。

そして、全国各地にあるデパ地下の惣菜売り場や、全国13店舗のレストランも含め、「オンライン」「オフライン」のどちらでも、ファンコミュニケーションを取りながら、着実にファンを創っていく素地が整っている状況です。

とにかくファンの声を聴き、そしてファンの声を（全てではないが）活かしていくこと。それによって、ファンは、

『自分たちの声をちゃんと聴いてくれる』

『ファンがブランドへ関与できる実感』

を感じてくれるでしょう。

それが、１００年企業、２００年企業への道筋へと繋がっていくのだと思います。

１００年以上続く企業の多くがそれまでの伝統を守るのは当然として、時代時代に合わせた革新的な手法を取り入れているのです。

今の時代における革新的な手法の一つがＳＮＳ活用と言えます。

ファンの声を聞くだけでなく、アンケート結果やＳＮＳ上の投稿内容などから、ファン一人ひとりのファンスコア（愛・知識・売上・推奨）を測り、それぞれのファンのファンスコアが高くなっていってもらうにはどうすればいいか？……という視点でファン自身、そしてファンの声をしっかり分析して今後の施策を打ち出し、活かしていくのです。

その方法は広告かもしれませんし、ファンイベントかも知れません。また、ファンのＵＧＣ（ユーザー自身によって制作・発信されるコンテンツ）の活用かもしれないし、地道な接客かも知れません。

大切なのは「アンケート→分析→施策」を、何度も繰り返すことです。

『まい泉』というワードは、例えばInstagram上だけでも3万件以上の投稿が掲載されています。ファンが能動的にＳＮＳ上に投稿してくれているブランドほど、ＳＮＳ上で接客が出来ていないケースが多く、非常にもったいないと感じることが多くあります。

このように、『まい泉』を投稿してくれているユーザーをブランド自ら発見し、誠実にコミュニケーションを取り続けていくことによる積上げ効果は、後々、大きく響いてくるはずです。

私自身も青山本店に食べに行く際には、『黒豚ロース、豚汁変更で！』とメニューを見ずに注文し、出てきたとんかつを毎回のように写真を撮ってはＳＮＳに投稿したりしています。

鶏と卵の話に近いかもしれませんが、

『ブランドを好きになればなるほど、そのブランドに対しての知識が増えていく。』

もしくは、

『そのブランドの事を深く知れば知るほど、そのブランドへの熱量が高まっていく。』

・・・・と言えます。

ＢｔｏＢのファン創り『ＢＯＫＵＲＡ』

『株式会社ＢＯＫＵＲＡ』がファンマーケティング事業を開始し9年目になりますが、２０２４年1月現在で、支援実績が２８０社を超えました。

現在、日本国内には約２００の業種があります（ＢＯＫＵＲＡ調べ）。

この中で、色づけしている75の業種が『ファンマーケティングに相性の良い業種』と定めています。

※もちろん、それ以外の業種についても、ＢＯＫＵＲＡとしてファンマーケティングの実績を積み上げていきます。

２８０社の実績があるとは言っても、日本国内にある対象会社が約４００万社あると考えると、

ファンマーケティングに相性の良い業種

	1	2	3	4	5	6	7	8	9	10	11	12	13
	◆金融	◆建設・不動産	◆物流・運送	◆IT・メディア	◆エネルギー・資源	◆自動車・機械	◆電機・精密	◆食品	◆小売・卸	◆生活関連	◆サービス	◆飲食	◆娯楽・レジャー
1	地方銀行	不動産	航空	IT	電力	自動車部品	電気機器	食肉	卸売	殺虫剤	人材派遣	カフェ	ホテル
2	信用金庫	マンション	空港	AI	ガス	トラック	重電	冷凍食品	総合商社	ペット	技術者派遣	ファミレス	ビジネスホテル
3	証券	マンション管理	鉄道	SaaS	化学	二輪車・バイク	空調	即席麺	専門商社	製薬	教育	ファーストフード	レジャー施設
4	ネット証券	住宅	バス	ブロックチェーン	産業ガス	中古車	エレベーター	パン	食品卸	農薬	保育	牛丼	スポーツクラブ
5	暗号資産	住宅設備	タクシー	ソフトウェア	塗料	機械	電子部品	調味料	医薬品卸	インテリア	介護	焼肉	ゴルフ場
6	キャッシュレス	リフォーム	海運	データセンター	香料	造船重機	モーター	製粉	水産卸	雑貨	介護用品	寿司	カラオケ
7	商品先物	シャッター	倉庫・運輸	インターネット	繊維	プラント	コネクタ	製油	百貨店	通販	警備	居酒屋	映画
8	生命保険	電気通信工事		EC	鉄鋼	鉄道車両	精密機器	製糖	スーパー	文具	冠婚葬祭	ラーメン	音楽
9	損害保険	土木		モバイル	電炉	建設機械	医療機器	菓子	コンビニ	オフィス家具	葬儀	うどん	楽器
10	消費者金融	建設コンサル		IoT	特殊鋼	建機レンタル	リチウム電池	乳製品	ドラッグストア	アウトドア用品	ブライダル	中食	玩具
11	クレジットカード	ビル管理		携帯電話	非鉄金属	工作機械	カメラ	ビール	調剤薬局	スポーツ用品	エステ		ゲーム
12	リース	高速道路		携帯電話販売	アルミ	工具	時計	飲料	家電量販店	化粧品	コンサルティング		eスポーツ
13	家賃保証	駐車場		ネット広告	製缶	ベアリング	OA機器	水産	ホームセンター	アパレル	BPO		イベント
14				テレビ	電線	ロボット	半導体	農業	ディスカウント	紳士服	コールセンター		
15				広告	金属製品	農業機械	半導体製造装置	種苗	SC	着物	福利厚生		
16				出版	産業廃棄物	パチンコ（製造）		飼料	100円ショップ	靴			
17				新聞	ガラス				書店	メガネ			
18				印刷	セメント				スポーツ用品店	コンタクトレンズ			
19					製紙				リサイクル	ジュエリー			
20					段ボール				カー用品店				
21					ゴム・タイヤ								

『280社÷400万社＝0．007%・・・』

となります。まだまだ1%にも及ばない数字です。

広告全体の市場規模は、2021年時点で約6．8兆円。コロナショックで2020年の総広告費は2015年レベルまで低下しましたが、翌年にはすぐに回復。

ここからさらに右肩上がりに市場規模は上昇していく見込みです。

（参考）電通報 https://dentsu-ho.com/articles/8090）

一方、直近1年間での倒産件数は約7700件もあります。

倒産理由にはいろいろありますが、次のような内容が考えられると思います。

・売上獲得が困難
・支払いできない
・従業員退職などにより業務がまわらない

・経営者の心が折れる

事業を継続していくためには、資金調達のための手法もいくつかあります。

・株を売って資金調達（エクイティ）
・金融機関などから融資や借金（デッド）
・クラウドファンディング
・国や都道府県などからの補助金や助成金

私は、この手法の一つにファンマーケティングが追加されていく未来を描いています（クラウドファンディングはファンマーケティングの手法の一つでもあると言えるかもしれません）。

経営者の多くが、いくつかのジレンマを抱えています。

・今のままではジリ貧
・売上や利益を上げたい
・そのためには何か新しい施策が必要
・でも新たな施策にはお金がかかる

そんな時、次のような状況ができていたらいかがでしょうか？

・自社にファンが沢山いたら？
・ファンに頼れたら？
・ファンが自発的に色んな行動を起こしてくれたら？

ファンという存在は、時に経営者や従業員の想像をはるかに超えるような動きをしてくれ、その結果、大きな売上や利益をもたらしてくれることもあります。

ファン一人ひとりの力は、もしかしたら多額の広告宣伝費用を投下した施策には及ばないかもしれません。

しかしそれでも、ファンは自律分散型（ＤＡＯ）にそれぞれが結束しながら、色々な行動を起こしてくれることで、多額の広告宣伝費用を投下した施策よりも大きな結果をもたらしてくれることがあります。

もちろん、多額の広告宣伝費を投下した施策自体を広げる役割をしてくれることもあると思います。

ファンを創るには色々なメソッドがありますが、まずは

『ファンの力をしっかりと認識すること』

が第一歩だと思います。

多額の広告宣伝費をかけてある種一発逆転のような施策を実行するのはギャンブルのようなものです。

『同業他社がうまくいったらしいのでウチも・・・・』

というような意思決定はこれからの時代、ますます通用しなくなっていくはずです。
より多くの自社のファンを創り、そのファンを可視化し、常にいつでも連絡の取れる状態をつくっておく・・・これが、これからの時代を生き抜いていくための手段の一つになると考えています。

多額の広告宣伝予算を用意するよりも、その予算をファンのために使っていくとどんなことが起こるのか？　それを、私たち株式会社ＢＯＫＵＲＡが多くのクライアントと示していきたいと思います。

ちなみに、株式会社ＢＯＫＵＲＡの１期〜７期の定量データを記載すると、次頁の表のようになります。

つまり、約12．5億円の売上を作るために、広告宣伝費用として約３億円を使ったと

売上総額	1,254,775,622円
L一般企業売上	958,646,880円
Lスポーツ事業売上	296,128,742円
外注費総額	423,838,338円
粗利総額	830,937,284円
販管費総額	975,272,761円
L人件費	355,941,969円
L広告宣伝費	306,278,416円
（内、スポーツチームへのスポンサー費用：２億円）	
営利総額	－144,335,477円

※５期、６期において、コロナ関連で業績への大打撃を受けたため、営業利益が大きくマイナスとなりましたが、７期で黒字転換。

いうことになります。（ＲＯＡＳ：４１６％）

また、一般企業のみに絞れば、約10億円の売上を作るために、広告宣伝費用として約１億円を使ったということになります。（ＲＯＡＳ：１０００％）

右の数値から何が言えるかというと、

『広告宣伝に頼らずとも売上を上げることができた』

ということです。

実現できたのは、次のような理由がある

と分析しています。

①ファンマーケティングというプロダクトが時代のニーズに合っていたから
②多くのクライアントや関係者が他のクライアントを紹介してくれたから
③競合他社が少なかったから
④営業力があったから

中でも、最も大きかった理由は

『②多くのクライアントや関係者が他のクライアントを紹介してくれたから』

だと推測しています。

起業前の段階から、『宍戸君が会社立ち上げたら、仕事発注するね』……と言って、本当に発注してくれた会社がいくつもありました。

起業後でも、『きっと宍戸君の助けになると思うから●●さんと××さんを紹介するね』……と、人脈をつないでくれた方も数人いました。

事業がうまく行っていない時に、『宍戸君が今体験している場所はみんな通る。その時に大事な心構えは●●で、次にやるべきは××だよ』……というようなアドバイスをくれた先輩経営者もいました。

事業が良い時も悪い時も、

『BOKURAの事業の進むべき方向は間違いないから』
『自分の居場所を作ってくれたから』
『お世話になったから』

……と事業を支えてくれた従業員が数名いたことなど、これら全てが、ファン創りの成果の一つだったのだろうと思います。

0から1を生み出すことは本当に困難です。

しかし、1になったものを2や10や100にすることは、0から1を生み出すよりも難易度は低いですが、1になったものを2や10や100にすることにこそ、もっともっと目を向けるべきだと考えています。

株式会社BOKURAという会社がやってきたやり方には、成功も失敗も沢山ありました。また、クライアントと取り組んできたことやこれから取り組むことの中でも多くの成功や失敗があると思います。

そういった経験をどんどん表に出しながら、ファンを創る重要性や素晴らしさ、ファンマーケティングの有用性を世の中に発信していきたいと思います。

第2章

フォロワーでなくファンを創る

フォロワーとファンの違い

まずは、フォロワーではなく、『ファン』とはどういう対象のことなのか？

時代と共に、購買行動における意思決定が大きく変化しています。

冒頭の「はじめに」に書きましたが、私の実家は大正7年から続く八百屋です。

私が小学生の頃、店番をしていた時のことです。その頃、みのもんたさん司会の『おもいッきりテレビ』という番組があり、野菜の特集か何かで

『奥さん！　カイワレ大根は体にメチャクチャ

良いんですよ！』

……なんて地上波放送で言われたりなんかすると、その日の午後一くらいでカイワレ大根が売り切れちゃうなんてことがしょっちゅうありました。

つまり、テレビ番組で芸能人が何を発信するか？……ということが世の中に対して非常に大きな影響があったわけです。

そんな状況が何十年も続いてきましたが、インターネットやSNSが盛んに使われるようになり、その中でインフルエンサーと呼ばれるような、芸能人とまではいかないけれど一般的に知名度や影響力の強いユーザー（ブロガーや

Instagramer や YouTuber と言われるような方）がネット上でどんなことを発信するか？……に興味関心を持つ方が増えました。

そこからさらに数年経った今、どんな時代かというと、芸能人やインフルエンサーではない、自分にとって身近な人（友人・知人・自分と興味関心の近い人・生活スタイルが近い人……など）がどんな口コミをしているか？……に最も影響を受けるようになってきているのではないかと思います。

もちろん、口コミ効果は以前からあったと思います。

それが、SNSが盛んに使われるようになったことでこれまでよりも目に触れやすくなったことや、芸能人の方のステルスマーケティングと言われるようなヤラセっぽい口コミが悪い意味で話題になったことが原因となり、『自分の身近な人がどんな口コミをしているか？』に注目が集まるようになったのではないかと考えています。

Twitter上で3,400人ほどの方にフォロワーになっていただいている私のアカウントでアンケートを取ってみました

BOKURAししど🏀⛳ファンマーケティング
@shishishi0429

『ご試着いかがですか😊？』
…と声をかけられるのは？

ぜひ声かけて！	3.3%
あまり気にしない	30%
苦手…	66.7%

店員さんの声掛け

私は、お店に服や靴を買いに行った時、商品を手に取って少し見ているだけですぐに

『ご試着いかがですか？』
『他にもこんな色がありますよ』

…と店員さんに声をかけられるのが本当に苦手です。

買うつもりがあっても買わずに店を出てしまうことが多々あります。

声をかけられたくないので、店内を高速で回ったり、じっくり商品を見たい時はイヤホンをしたりするくらいです。

ただ、店員さんに声をかけられるのは苦手なんですが、例えば友達や恋人と買い物に行った時に、友だちから、

『これ似合うんじゃない？』

『この前来てたジャケットに合いそうだよね！』

……と言われたら、試着もせずに買ってしまうことはしょっちゅうあります。

同じ声掛けでも、誰に言われるのかによって感じ方が全然違うわけです。

なぜこうも感じ方が違うのか。

おそらく、

『自分の事を理解してくれた上で声をかけてくれているのか？』

『本当に自分にとって良い口コミなのか？』

…の意識なのだと思います。

つまり、

『何を言うか』ではなく『誰がどんな想いで言うか』

に大きな影響があるという事です。

ＳＮＳなどのオンライン上においても同様です。

企業からの広告的な発信には見向きもしないユーザーが、信頼できる口コミによって背中を押されて購入に至ることは多く、その口コミの元が、自分の身近な人や好きな人、尊敬している人、生活スタイルが似ている人、興味関心が近しい人、お世話になった人…などであれば、なおさら強烈に背中を押されるのではないでしょうか。

よって、企業側から一方的に情報発信をするのではなく、いかにユーザーを理解し、寄り添ったコミュニケーションが取れるか…に重点を置く必要があると言えます。

例えば、個人としてSNSを利用している際、企業アカウントから、

『これ買ってください！』
『新店舗オープンしました！』
『フォローお願いします！』

・・・・という投稿が流れてきたらどう感じますか？
気にならない、という方もいるかもしれませんが、

『（誰彼構わない）試着どうですか？』

と同じ行為とも言えます。

ユーザーの立場で考えてみると、様々な企業のアカウントや、自分の友達のアカウン

トなど、数多くのアカウントをフォローしていると、SNSのタイムライン上には数多くの情報が表示されます。

そう考えると、

『今興味無いな・・・』

『もうちょっと別な情報が欲しいな』

『何度も流れてくるな・・・』

などという理由で、

『正直ちょっと、うざいなー』

という印象を持つ方々が増えてしまう可能性があります。

つまり、これからの時代は企業が直接自分たちで発信するというよりは、ファンをき

購買行動における意思決定の変化

ちんと創って、ファンが自発的に発信をしてくれるような状態を作っていくということが、間違いなく効率が良い施策になる、と言えます。

だからこそ、ファンを創る重要性を、強く意識していく必要があるのです。

ミニワーク　①：約1分

あなたは何のファンですか？
特定のブランドでも、球技などのカテゴリーでも構いません。
アイドルやアーティスト、アスリート、お店、書籍など何でも構いません。
なぜそれが好きなのか？
好きになったきっかけは？
今でも好きでいる理由は？
……などを考えてみましょう。

ミニワーク　②：約1分

①で回答した好きな対象から考えた時、『ファンスコア』というファンの熱量などを測る指標があるとしたら
あなたは100点満点中、何点くらいだと思いますか？
またその点数の理由は？

みなさんは
何のファンですか？

漫画…
飲食店…
アイドル…
ブランド…
スポーツチーム…

キッカケは？
どこが好きなの？
ずっと好きなのはなぜ？

ファンスコアという指標があるとしたら、
100点満点中、あなたは何点？

また、その理由は？

ファンを作ることの大切さ

ＳＮＳ上で良く使われるフォロワーという言葉をインターネット上で調べてみると、

『付き従うもの』
『リーダーを補佐する周辺の人』
『あとに続く人』

と言う説明が出てきます。

しかし、ＳＮＳ上のフォロワーというのは、例えば

『ＳＮＳアカウントをフォローしてくれる』

『投稿に〝いいね〟や〝コメント〟や〝リツイート〟をしてくれる』
『SNSキャンペーンになれば参加してくれる』
『アンケートなどに回答してくれる』

などという方だと言えます。

一方、『ファン』というのは、特定の人物や事象に対する支持者や愛好者を指します。熱狂的という言葉を英語で言うと「ファナティック」という言葉になるので、その略称とも言えます。

改めて、『ファン』とはどんな人で、どこまで求めていいのか、ということなどについて、整理してみましょう。

いろいろな条件がありますが、

フォロワーとファンの違いって何でしょう？
何をして欲しい？どこまで求めていいの？

フォロワー　　　　　　ファン

『ブランドに対して熱量・愛情を持ってくれている』
『ブランドの歴史を理解している』
『ブランドについて様々な知識を持ってくれている』
『ブランドの様々な企画に関わってくれる』
『実際にお金を落としてくれる』

このような行為をしてくれる方々が、『ファン』と呼べるのではないかと。

自分たちにとってのファンを定義する

では、ファンという存在に対して、どういう定義をすると定量的に測れるのか考えてみましょう。

ＢＯＫＵＲＡが関わる場合には、

『愛　：どれだけブランドを愛してくれているか』
『知識：どれだけブランドについて正しい知識を持ってくれているか』
『売上：どれだけブランドに売上として貢献してくれているか』
『推奨：どれだけブランドを推奨してくれているか』

という４つの観点で様々な企業やブランドのファンという存在を定量的に測っています。

ファン定義4種（再掲）

愛	売上
1.未体験	1.購入歴無し
2.体験者	2.興味・購入意思有り
3.体験＋感想	3.購入者
4.意見・要望	4.回数・頻度が多い購入者
5.欠かせない存在	5.継続年数・投下金額が多い購入者

知識	推奨
1.知らない	1.推奨経験無し
2.興味関心有り	2.指定ワードを含まない推奨
3.自然と見聞きするレベルの知識	3.指定ワードを含む推奨
4.個々での情報収集が必要な深い知識	4.指定ワード＋ポジな意見や感想
5.社員レベルの知識	5.他人の行動を促す推奨

※BOKURAで特許取得済み：特許第7312384号

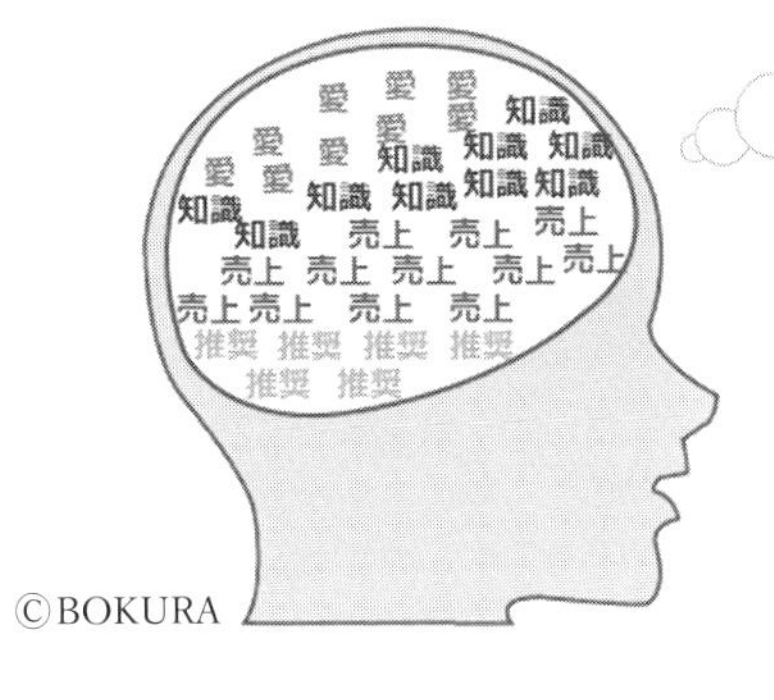

一般的によくあるのは、売上を基準にしているケースです。
例えば、売上データ、顧客データを確認した際に

『○○さんはこれくらい買ってくれていて、△△さんはそれに比べてめちゃくちゃ買ってくれてるよね』

というような比較をして、

『○○さんの方が買ってくれているから、ファンレベルは△△さんよりも○○さんの方が高いのではないか？』

というように、売上だけでランク付けをしている会社が多いと思います。
ポイントカードなどがまさにそうですね。
ＮＰＳ調査（顧客ロイヤルティを計測するための指標を決めるための調査）などを活

用して推奨度合いなどを測る企業やブランドもあると思います。

このように、売上で測るだけではなく、

『そのブランドに対して愛情をどれくらい持ってくれているのか？』

『そのブランドについて、どれくらいの知識を持ってくれているのか？』

『そのブランドをＳＮＳやリアルな口コミでどれだけ拡散、推奨してくれているか？』

というところまでは踏み込んでいくことで、これまで、よりもっとリアルなファンの熱量が可視化できるはずです。

人は何か新しい知識を得ると、身の回りの数人に教えたくなる習性があるようです。つまり自分たちのブランドについてより知識を持ってもらえばそれだけ推奨の回数も増えていくはずです。

つまり、愛・知識・売上・推奨という４つの観点のレベルがすごく高い人は、

いち消費者としてのファン心理

推しのことをどれくらい愛していますか？

愛

SNSアカウントをフォローしていますか？	◎・○・△・×
アプリはインストールしていますか？	◎・○・△・×
推し始めたきっかけを覚えていますか？	◎・○・△・×
なぜ推しているかを魅力的に語れますか？	◎・○・△・×
推し始めてからの年数は？	◎・○・△・×
×××	◎・○・△・×

推しのことをどれくらい知っていますか？

知識

推しの強みや弱みを知っていますか？	◎・○・△・×
推しの競合を知っていますか？	◎・○・△・×
推しの過去やを知っていますか？	◎・○・△・×
推しの現在を知っていますか？	◎・○・△・×
推しの未来を想像していますか？	◎・○・△・×
×××	◎・○・△・×

推しにどれくらい売上貢献していますか？

売上

トータル売上貢献額は？ （自分、推奨した友人など含め）	◎・○・△・×
直近1年間の売上貢献額は？ （自分、推奨した友人など含め）	◎・○・△・×
1回あたりの購入金額は？（他者に比べて）	◎・○・△・×
購入頻度は？（他者に比べて）	◎・○・△・×
推しの新商品が出た場合、即買いますか？	◎・○・△・×
×××	◎・○・△・×

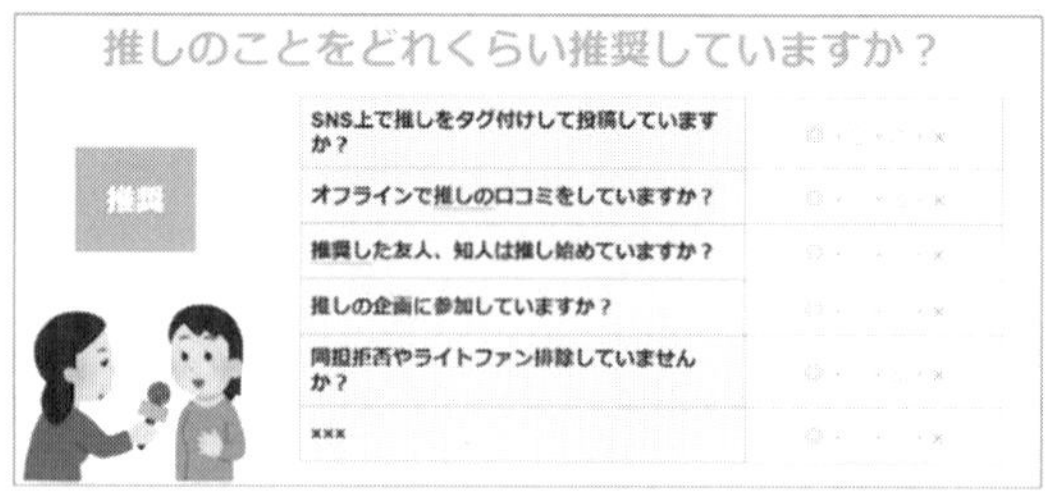

推しのことをどれくらい推奨していますか？

推奨

SNS上で推しをタグ付けして投稿していますか？	◎・○・△・×
オフラインで推しの口コミをしていますか？	◎・○・△・×
推奨した友人、知人は推し始めていますか？	◎・○・△・×
推しの企画に参加していますか？	◎・○・△・×
同担拒否やライトファン排除していませんか？	◎・○・△・×
×××	◎・○・△・×

ファン心理を踏まえてのブランド心理

ファンは自社のことを
どれくらい愛してくれていますか？

愛

SNSアカウントをフォローしてくれていますか？	◎・○・△・×
アプリはインストールしてくれていますか？	◎・○・△・×
推し始めたきっかけを覚えてくれていますか？	◎・○・△・×
なぜ推しているかを魅力的に語ってくれますか？	◎・○・△・×
推し始めてからの年数は？	◎・○・△・×
×××	◎・○・△・×

ファンは自社のことを
どれくらい知ってくれていますか？

知識

自社の強みや弱みを知ってくれていますか？	◎・○・△・×
自社の競合を知ってくれていますか？	◎・○・△・×
自社の過去やこれまでのストーリーを知ってくれていますか？	◎・○・△・×
自社の現在を知ってくれていますか？	◎・○・△・×
自社の未来を想像してくれていますか？	◎・○・△・×
×××	◎・○・△・×

ファンは自社に
どれくらい売上貢献してくれていますか？

売上

トータル売上貢献額は？（自分、推奨した友人など含め）	◎・○・△・×
直近1年間の売上貢献額は？（自分、推奨した友人など含め）	◎・○・△・×
1回あたりの購入金額は？	◎・○・△・×
購入頻度は？	◎・○・△・×
新商品が出た場合、即買ってくれていますか？	◎・○・△・×
×××	◎・○・△・×

ファンを自社のことを
どれくらい推奨してくれていますか？

推奨

SNS上で自社をタグ付けして投稿してくれていますか？	◎・○・△・×
オフラインで自社の口コミをしてくれていますか？	◎・○・△・×
推奨した友人、知人は推し始めてくれていますか？	◎・○・△・×
自社の企画に参加してくれていますか？	◎・○・△・×
同担拒否やライトファン排除している人はいませんか？	◎・○・△・×
×××	◎・○・△・×

『コアファン』

と呼べるのです。

ミニワーク③：約2分

フォロワーとファンの違いについて、考えてみてください。

『フォロワーにはこういうことをして欲しい』

『ファンにはここまで求めてもいいのでは？』

などというようにご自分の認識で構いませんので、考えてみましょう。

第3章 ファン創りにおける具体的TODO

ファンマーケティング16フェーズ

ファンを創ることのゴールは『ファンが自走してくれること』と言えます。

つまり、ファンがＤＡＯ化（自律分散型にファンが能動的に動き出してくれている状態）することです。ファンが自走してくれることで、ファンの売上向上はもちろん、ファン自身がブランドについての正しい知識を持ってくれた上で広告塔のような役目を担ってくれることもあります。そうなってくれるまでには、ブランド側としてはおおまかに16段階のフェーズがあります。

全体像を簡単に説明すると、

【ブランド開発フェーズ：①、②、③】

まず第一にブランド開発が必要です。ブランドに尖りがあればあるほどファン創りの

ファンマーケティングのゴール

ブランド開発	①	ブランド開発
	②	リサーチ (ブランド・ターゲット・ファン心理・市場・競合)
	③	ブランド改良
戦略設計	④	ファン創りにおけるKGI・KPI設計
	⑤	社内啓蒙（理解促進、他部署協力要請など）
情報発信	⑥	レギュレーションを決める（運用ルール・役割分担）
	⑦	情報発信
	⑧	プロモーション
ファン コミュニケーション	⑨	レギュレーションを決める（運用ルール・役割分担）
	⑩	ファンコミュニケーション（オンライン・オフライン）
	⑪	ファンの管理
ファンレベル向上	⑫	レギュレーションを決める（運用ルール・役割分担）
	⑬	育成
共創	⑭	レギュレーションを決める（運用ルール・役割分担）
	⑮	Closed Fan Community
	⑯	共創

ファンマーケティングのゴールは
『ファンが自走している状態』

売上UP＆広告宣伝費DOWN

広告宣伝費の効率が上がること

難易度は下がります。競合との強烈な差別化や唯一無二のブランドであれば、将来的に濃いファンに支えてもらえる可能性が高くなるはずです。

【戦略設計フェーズ：④、⑤】

次は戦略設計です。

・ファンを創った先にどんな未来を見据えているのか？
・どのようにファンを創っていくのか？
・どんな人にファンになって欲しいのか？
・どれくらいの人数のファンが必要か？
・そのためにやるべきことは？
・どんな体制で運用していく？

…といった具合に戦略を考えて目標に落とし込みます。
また、ファン創りは経営者や担当者が単独で進めるだけではうまくいきませんので、全社を巻き込んだ社内啓蒙も必要になってきます。

【情報発信フェーズ：⑥、⑦、⑧】

このように下準備を整えた上で、次は情報発信です。
良いモノを創ってもそれが適切なターゲットに届かなければブランドは成り立ちません。
SNSなどのオンライン上での情報発信はもちろん、リアルイベントなど地道に足を使ってファンに情報を届けて行きましょう。
大なり小なりプロモーションを打っていくのも良いですね。

【ファンコミュニケーションフェーズ：⑨、⑩、⑪】

適切なターゲットに正しくブランドの情報が伝わると、消費者が色んな反応を示してくれるはずです。ポジティブな反応があった場合はしっかりお礼を伝えたり、ネガティブな反応があった場合はそれに対して真摯に対応する。このようなファンとのコミュニケーションの積み重ねがその後のブランド認知や好意的な反応に繋がっていくのです。

そして誰がどんな反応をしてくれたのか、それをしっかりログを取っていく事で次の施策の成功確率が上がっていきます。やみくもにファンとコミュニケーションを取るだけで終わらせず、誰とどんなコミュニケーションを取り、その結果、どんな反応を示してくれたのか・・・しっかりとデータも取っていきましょう。

【ファンレベル向上：⑫、⑬】

ファンコミュニケーションを実行しデータを取っていくと、段々とファンの人となりやファンの傾向、自社に対してそれぞれのファンがどれくらいの熱量があるのかのレベルが見えてくるはずです。すごく好意的な反応を示してくれるファン、そこそこ好意的な反応を示してくれるファン、無関心層、ネガティブな反応を示しているユーザー・・・様々いると思います。

いかに『すごく好意的な反応を示してくれるファン』に育てていくか、これがファン創りにおける最も重要なポイントの一つとなります。

共創フェーズ：⑭、⑮、⑯

ある一定のレベルを超えてくれているファンに対して、『ブランドへの関与』を促しましょう。インタビューしても良いかもしれませんし、濃いファンだけを集めたグループインタビューやクローズドなイベントを行ってもいいかもしれません。その中で集めたファンの声を実際に形にしてみましょう。ファンはきっとこれまでよりもあなたのブランドを自分事化して考えてくれるようになるでしょう。

読者の皆さんが関わっていらっしゃるブランドはこの中のどれくらいのフェーズの何番目くらいに位置していますか？

多くのブランドは⑦情報発信、⑧プロモーション……の部分で止まってしまっていないでしょうか？

もちろん、情報発信やプロモーションは新規ユーザーへ自社のことを知ってもらうためには有効な手段ですし、ファン創りに限らずやるべき施策です。

一方で、ファンマーケティングにおいてはこのフェーズで終わってしまってはもったいなく、その先のファンコミュニケーションフェーズ（⑨、⑩、⑪）や、ファンレベル向上フェーズ（⑫、⑬）、共創フェーズ（⑭、⑮、⑯）を進めていくことで、ファンのＤＡＯ化に繋がっていくはずです。

ファンマーケティング130チェック項目

16フェーズの中で、自社がどれくらいの位置にいるのか、ある程度把握できたら次はこちらのTODOリストをご確認ください。

ファン創りを進めていく上で、『具体的にそれぞれのフェーズでどんなことを実施すれば良いのか？』を130個のTODOにまとめました。

自社が現在どこまで出来ているかのチェックに使っていただいても構いませんし、今後どこからどう手を付けていくかの見極めにしていただいても構いません。それぞれの項目に目を通してみてください。

BOKURAという会社が支援しているクライアントの中でも、ファン創りに未着手のブランドは大体130個中20個程度しかチェックが出来ないケースが多いです。そう

4	5	6	7	8	9	10
料金	自社だからこその意味	競合他社との違い	ブランドコンセプト	プロダクトの強みは？	プロダクトの希少性は？	検索に引っかかりやすい？
サンプル配布体験募集	従業員や家族や外注パートナーの意見把握	ターゲット層の一次情報把握	ブランドに関連するキーワード調査			
ネガティブポイント	機能価値	市場価値	情緒価値			
ファン定義4種	ファン要因12種	ファン創り8スキル	リソース割り当て	経営計画・事業計画との紐づけ	炎上リスク	ネガティブ発信
他部署への協力依頼	社内のファン創り	社内ヒアリング	ファン創りは投資対効果	ファン心理理解	SNSの在り方	身内のファン創り
WHAT（何を）	HOW（どのように）	効果検証	ファン目線での機能価値	ファン目線での市場価値	ファン目線での情緒価値	チャレンジ
効果検証	レギュレーション	forファン	プロフィールページの充実	投稿内容の一貫性	クリエイティブのデザイン・方向性が決まっている	
タイミング	クリエィティブ					
WHAT（何を）	HOW（どのように）	コミュニケーションログ	効果検証			
リスト化したファンのチェック	アンケート集計からファン探索	ファンへのオンラインリアクション	ファンへのオフラインリアクション	ファンへの寄り添い	ファンレベルを上げる接触	ネガティブな意見へのリアクション
ログシート活用	ファンスコア計測（愛）	ファンスコア計測（知識）	ファンスコア計測（売上）	ファンスコア計測（推奨）		
WHO（だれを）	効果検証					
入会	購入	ファンコンテンツ	要望	共有	ブランド価値共有	
WHO（だれを）	WHAT（何を）	効果検証	ゴール・目的	ファン同士の交流のしやすさ	退会方法	金額＆決済方法
ディレクション	NDA締結	ファンの役割	入退会管理	ファン同士の交流		
イベントの振り返り	口コミや拡散					

ファンマーケティング130チェック項目

			1	2	3
ブランド開発	①	ブランド開発	品質	ペルソナ設計（ターゲット設計）	プロダクトのデザイン
	②	リサーチ（ブランド・ターゲット・ファン心理・市場・競合）	一般ユーザーとコアファンそれぞれのLTVの把握	市場規模調査	競合他社調査
	③	ブランド改良	検証項目の設計	データ収集	ポジティブポイント
戦略設計	④	ファン創りにおけるKGI・KPI設計	ファン創りのゴール設計	ファン創り16フェーズ	ファン創り130チェック項目
	⑤	社内啓蒙（理解促進、他部署協力要請など）	責任者と担当者の設置	全社理解＆共有	社内への情報拡散依頼
情報発信	⑥	レギュレーションを決める（運用ルール・役割分担）	WHEN（いつ）	WHERE（どこで）	WHO（だれが）
	⑦	情報発信	機能価値の発信	市場価値の発信	情緒価値の発信
	⑧	プロモーション	広告出稿場所	予算	KPI
ファンコミュニケーション	⑨	レギュレーションを決める（運用ルール・役割分担）	WHEN（いつ）	WHERE（どこで）	WHO（だれが）
	⑩	ファンコミュニケーション（オンライン・オフライン）	エゴサーチワード	エゴサーチの実行	自社アカウントのチェック
	⑪	ファンの管理	ファンのリスト化	ファンの属性把握	ファンの顔と名前一致
ファンレベル向上	⑫	レギュレーションを決める（運用ルール・役割分担）	WHEN（いつ）	WHERE（どこで）	WHO（だれが）
	⑬	育成	フォロー	投稿	ファン同士のつながり
共創	⑭	レギュレーションを決める（運用ルール・役割分担）	WHEN（いつ）	WHERE（どこで）	WHO（だれが）
	⑮	Closed Fan Community	立ち上げ	ファンの招集	スレッド
	⑯	共創	ファンが関われる余地	イベント準備への関わり	イベントの実行

いったブランドがファン創り施策を始めて約1～3年程度で100個程度チェックできるようになり、それにつれて売上も上がっていくだけでなく、広告宣伝費効率が良くなり、結果的に営業利益が上がっていくクライアントが多く出現しています。

ファン要因12種

『ファンは自分たちのブランドのどこを好きになってくれているのだろう?』

次ページの表をもとに想像してみてください。

表の①～⑫を見ていただき、ファンが自分たちのどの部分を好きになってくれているのだろう? ……と想像してみてください。

逆にファン側が実際にどの部分に興味関心を持ってファンになっているのか……を比べてみると、大抵乖離があります。この差を埋めていくことが重要です。

また、ファンになる要素が多ければ多くなるほど、そのファンは半永久的にブランドのファンでいてくれるはずです。

ファン要因12種

【ブランドのファン】	【個人のファン】
①商品やサービス自体	⑦技術
②人（社長や従業員）	⑧人柄
③金額や費用対効果	⑨見た目
④歴史・実績	⑩考え方、将来の夢
⑤目指す世界観	⑪元々の知り合い
⑥その他	⑫その他

今の情報化社会の中では『①商品やサービス自体』だけで差別化を図っていくのはかなり難しい時代になってきていると思います。今後特に『②人（社長や従業員）』、『⑤目指す世界観』・・・などが重要になってくるのではないでしょうか。

ファンへの発信内容3種

良いブランドを創っても、それが正しくターゲットユーザーに届かなければ売上には繋がりません。

とは言え、やみくもに自社のことを発信しても砂漠に水滴を垂らすかのごとく情報は適切に届きませんし、広がりません。具体的にどんな情報を発信すればいいのか？

次ページの表をご覧ください。

機能価値、市場価値、情緒価値・・・と3つのカテゴリーに分類できます。

機能価値

そのブランドや商品やサービス自体の機能や価格、導入した際の費用対効果や実績や好事例などを機能価値と呼びます。多くのブランドは、機能価値を中心に情報発信をし

ファンへの発信内容３種

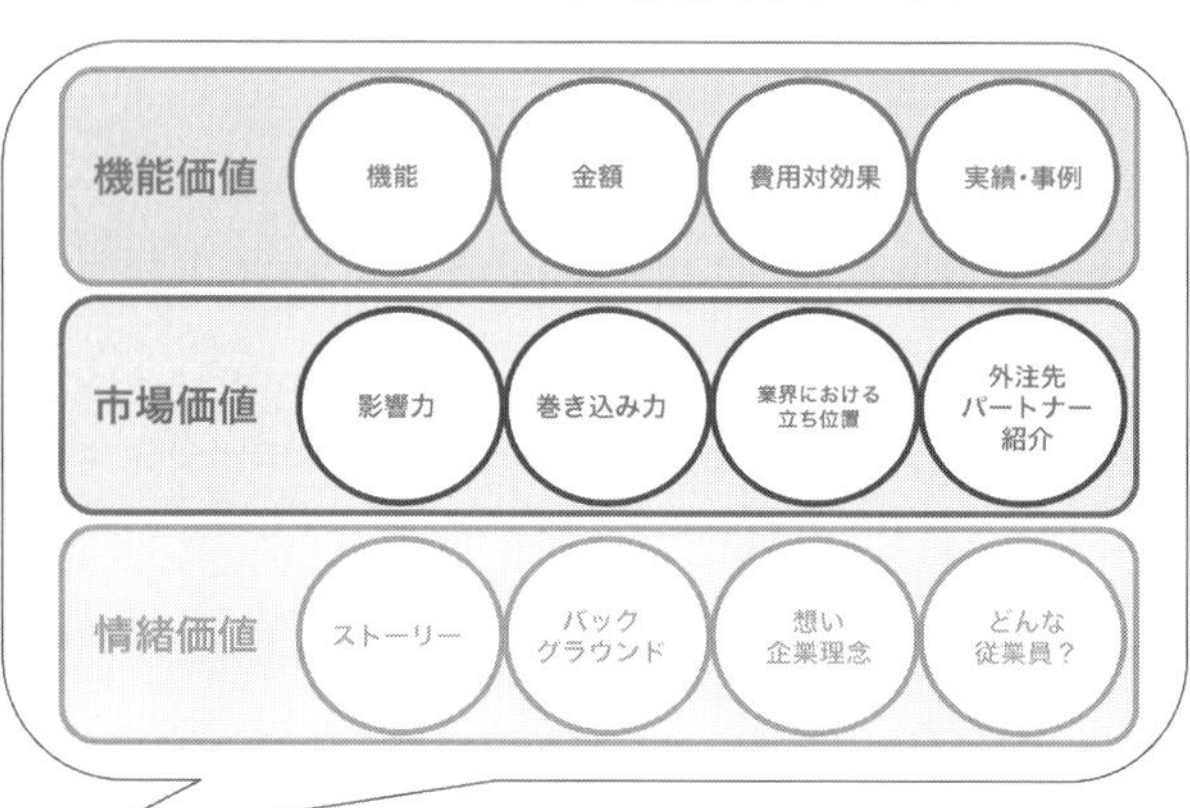

ているのではないでしょうか？

もちろん、ブランドやサービスの機能価値は重要な情報です。とは言え、良いモノが溢れている昨今、機能の良さだけでブランドを選ぶ時代ではなくなってきました。（もちろん、良いモノでないと永く続きませんが。）

市場価値

そのブランドが繁栄していくことで世の中へどのような影響があるのか？　どれくらい多くの人を巻き込んでいるのか？　そのブランドは業界においてどのような立ち位置を築いているのか？……などを市場価値と呼びます。

ブランドはそのブランド単体で生き残っていけるわけではなく、外注先やパートナー企業なども含めた他者や業界自体がどれだけ繁栄していくのか？　…が分かるとより応援したくなる気持ちが高まるのではないでしょうか？

SDGsへの取り組みも市場価値の一つと言えます。

ちなみに、私が好きな市場価値の第一位はHondaの『2050年に全世界でHondaの二輪・四輪が関与する交通事故死者ゼロ』です。

情緒価値

そのブランドはこれまでどんなストーリーを歩んできたのか？　創業者はどんな想いでブランドを立ち上げたのか？　そこで働いている従業員はどんな人達なのか？　…といった情緒価値に人は感動し、より濃いファンになっていくのではないかと思います。

日本は老舗企業が多いですが、創業100年以上の企業は例外なくこの情緒価値をしっかり発信しているように思います。

ファンマーケティングKPI33項目

『ファンマーケティングは筋トレと一緒。すぐに効果は出ないが効果が出始めると永く続く』

と私は従業員に対してもクライアントに対しても口を酸っぱくして伝えています。ですが、効果が目に見えないと途中でやめてしまうことにもなりかねないので、ファンマーケティングにおける目標設計として、ファンマーケティングKPI33項目を作ってみました。

ファンマーケティングにおいてSNS活用は必須ですが、だからと言ってSNS上のフォロワー数やリーチ数、エンゲージメント率といった短期的に分かりやすい数値だけを追っていっては大きなベクトルから外れてしまう可能性も高くなります。

よって、ファンマーケティングを進めていくことでコストが下がってきているか？ファンの人数やファンスコアは増えているか？　自社内の担当者にノウハウが身についてきているか？　売上につながっているか？……といった短期的に追う数字と中長期で追う数字をバランスよく測り、効果検証していくことをおススメします。

あくまでも最終的なゴールは『ファンが自走してくれること』です。（ＳＮＳのフォロワーを増やすことはゴールではありません。）

ファンマーケティングKPI33項目

分類		計測指標	期間	計測方法	計測者
SNS	1	・フォロワー数	短期	SNSインサイト	BOKURA
	2	・リーチ数	短期	SNSインサイト	BOKURA
	3	・反応数（いいね・コメント・拡散・保存・プロフィール閲覧・サイト遷移）	短期	SNSインサイト	BOKURA
	4	・imp数	短期	SNSインサイト	BOKURA
	5	・CP参加者数	短期	計測ツール＆目視	BOKURA
	6	・指定ハッシュタグ投稿数	短期	計測ツール	BOKURA
	7	・ハッシュタグ投稿ポジネガ比率	短期	計測ツール	BOKURA
	8	・ENG率	短期	計測ツール	BOKURA
	9	・発信数（投稿数）	短期	計測ツール	BOKURA
コスト	10	・年度ごとの販管費推移	中長期	クライアント内で算出	クライアント
	11	・年度ごとの広告宣伝費推移	中長期	クライアント内で算出	クライアント
	12	・年度ごとの人件費、担当者工数（実際にかかっている時間数）	中長期	クライアント内で算出	クライアント
	13	・ファンマーケ、SNSマーケにおける担当者人数	中長期	クライアント内で算出	クライアント
	14	・採用費（一人当たりの採用フィー）	中長期	クライアント内で算出	クライアント
ファン	15	・ファン数（●●点以上）	中長期	計測ツール＆目視	BOKURA
	16	・Active Fan Communication接触数	中長期	計測ツール	BOKURA
	17	・Active Fan Communication返信率	中長期	計測ツール	BOKURA
	17	ファンスコア（愛）合計	中長期	計測ツール	BOKURA
	18	・ファンスコア（知識）合計	中長期	計測ツール	BOKURA
	20	・ファンスコア（売上）合計	中長期	計測ツール	BOKURA
	21	・ファンスコア（推奨）合計	中長期	計測ツール	BOKURA
	22	・ファンスコア合計	中長期	計測ツール	BOKURA
	23	・ファン（●●点以上）の総フォロワー数	中長期	計測ツール	BOKURA
担当者	24	・SNS担当者の工数	短期	クライアント内で算出	クライアント
	25	・ノウハウ・知識量の増加	中長期	定例会等でヒアリング	BOKURA
売上	26	売上及び内訳（店頭？卸？ EC ？その他？）	中長期	クライアント内で算出	クライアント
	27	・ECサイトの流入元（SNS ？メルマガ？アプリ？など）	中長期	クライアント内で算出	クライアント
	28	・客数（店頭、卸、EC、その他）	中長期	クライアント内で算出	クライアント
	29	・購入数（店頭、卸、EC、その他）	中長期	クライアント内で算出	クライアント
	30	・購入単価（店頭、卸、EC、その他）	中長期	クライアント内で算出	クライアント
	31	・ブランド認知度	中長期	定量調査	クライアント
	32	・ブランド好意度	中長期	定量調査	クライアント
	33	・一般消費者とファンのLTV比較、顧客単価比較	中長期	クライアント内で算出	クライアント

理想のゴールは
ファンが自走してくれること！
そのためにファンの定義を明確に！

短期的に追う数字
中長期で追う数字
…バランス良く効果検証しましょう！

第4章 炎上との向き合い方

炎上とは？

不祥事の発覚や失言などをきっかけに、インターネット上（ＳＮＳやブログや企業ホームページなど）のコメント欄などにおいて、批判や誹謗中傷や暴言などを含む投稿が運営担当者の想定を超えて殺到する事態、または状況・・・と言えます。

最近では、インターネット上だけに留まらず実店舗や事務所などへの度重なる電話や実際に突撃でのクレームなども増えています。

炎上の中には、

【賛否両論分かれるような炎上】

・マナーやエチケット問題

・愛のあるイジリ

炎上にも種類がある

セーフな炎上	アウトな炎上
→賛否両論分かれるような内容 →マナー問題 →愛のあるイジリ →私は○○が好き！	→法律やモラルに反する →非常識、不謹慎、誹謗中傷 →差別、偏見、弱者への無配慮 →デマの拡散 →機密情報 →他人のプライバシー →関係者の利害を損ねる

情報発信
→NGな内容
→NGなタイミング
→投稿したら完全には消せない

・私（弊社）は○○が好き
……など

【絶対にアウトな炎上】
・法律やモラルに反するモノ
・非常識、不謹慎、誹謗中傷
・差別、偏見、弱者への無配慮
・デマの拡散
・機密情報や他人のプライバシー
……など

の2種類があります。

どちらにしても、インターネット上に投稿をしたら完全には消すことができない、という認識を持つべきです。

一度炎上してしまえば、投稿自体のスクリーンショットを取られ、匿名アカウントなどから延々と晒され続けることになります。

失望という感情

何かに失望した時、人は、

①怒る
②悲しむ
③呆れる

……のどれか、もしくは複数の感情があらわれ、行動に移します。

その際、その感情を企業やブランド側が目にした時に、どう対応するかで、その人との今後の関係性が決まってしまうし、何もしなければ確実に心は離れてしまうのではないかと思います。

失望させてしまう事態を招いてしまうこと自体は良くないことではありますが、その原因自体が、何かにチャレンジした結果、失敗をしてしまった時の失望とただの怠慢でネガティブな結果を招いてしまった時の失望・・・どちらかによってだいぶ違うのです。

人も企業もブランドもアスリートも、みんな完璧ではないし、たびたび失敗をすることがあります。その失敗をどう次に生かすかが重要であり、失敗の先にしか大きな成功は無いのです。よって、うまく行ってる時にこそチャレンジが必要なのではないか？と思います。

そもそも失望・・・という感情は、愛情があったからこそ生まれる感情なので、

『これくらいはやってくれると思ったのに・・・』
『このレベルは超えてきてくれると思ったのに・・・』
『こんなに愛しているのに・・・』

・・・など、自分達への期待値の把握が必要です。

企業やブランド側が、自分達を客観視し日々ファンと対話することで、ファンが自分達に対してどれくらいの期待値を持っているのかが把握できるのではないかと思います。

この期待値が、超えるべきハードルの高さという基準になり、それを超えることで神対応に繋がっていくのです。

逆に、このハードルの高さを見誤り、怠慢によって思い違いや過失でファンを失望させてしまった時、

・**より早く**
・**誠心誠意**
・**信頼回復してもらえるまで実行**

……という対応をすることで、失望させてしまったファンへの寄り添いだけでなく、その対応を見ている周囲のファンにも自分達のポリシーなどを見てもらえるチャンスでもあるわけです。

もちろん、後者のアピールが目的になってしまうのは本末転倒ですが。

まとめると、

①：日々ファンと接して自分達への期待値のハードルの高さを把握する
②：チャレンジする
③：ポジティブな反応を示してくれるファンをみつける
④：③に感謝を伝える
⑤：ネガティブな反応を示しているファンをみつける
⑥：⑤に『より早く、誠心誠意、信頼回復してもらえるまで実行』

……これを繰り返すことでブランド自体が洗練されていくだけでなく、コアファンが徐々に増えていくのではないかと思います。

【誠心誠意対応する際の注意点】
・ウソをつかない
・他責しない
・言い訳しない

・ご意見をしっかり受け止める

・出来ることと出来ないことを判断し、出来ることを表明する

※求められない限り『出来ない理由』を説明しない。（自分達にとっては「説明」でもファンからは「言い訳」と取られる可能性がある）

失望はチャンスと捉えてください。

第5章 ファン心理

消費者が企業やブランドに対して、どんな要望を持っているかの調査を行ったアンケート結果のデータを紹介したいと思います。

ブランド選定の際に気にするポイントは？

消費者が何かブランドの選定をする時、いろいろなブランドがある中でそのブランドに決めようと思う時に何を気にして選んでいますか？　という質問だったのですが、

『ブランドへの信頼度：82.5％』

というように、『信頼』で選ぶという方が一番多かったという結果でした。

その次に多かったのは、

『親しい人からの推奨』

つまり、ブランド自体の信頼があるのはもちろんなのですが、

ブランドを選定する際に気にするポイントは？

ブランドを選定する際に気にするのは？　　※複数回答可
(回答数：177)

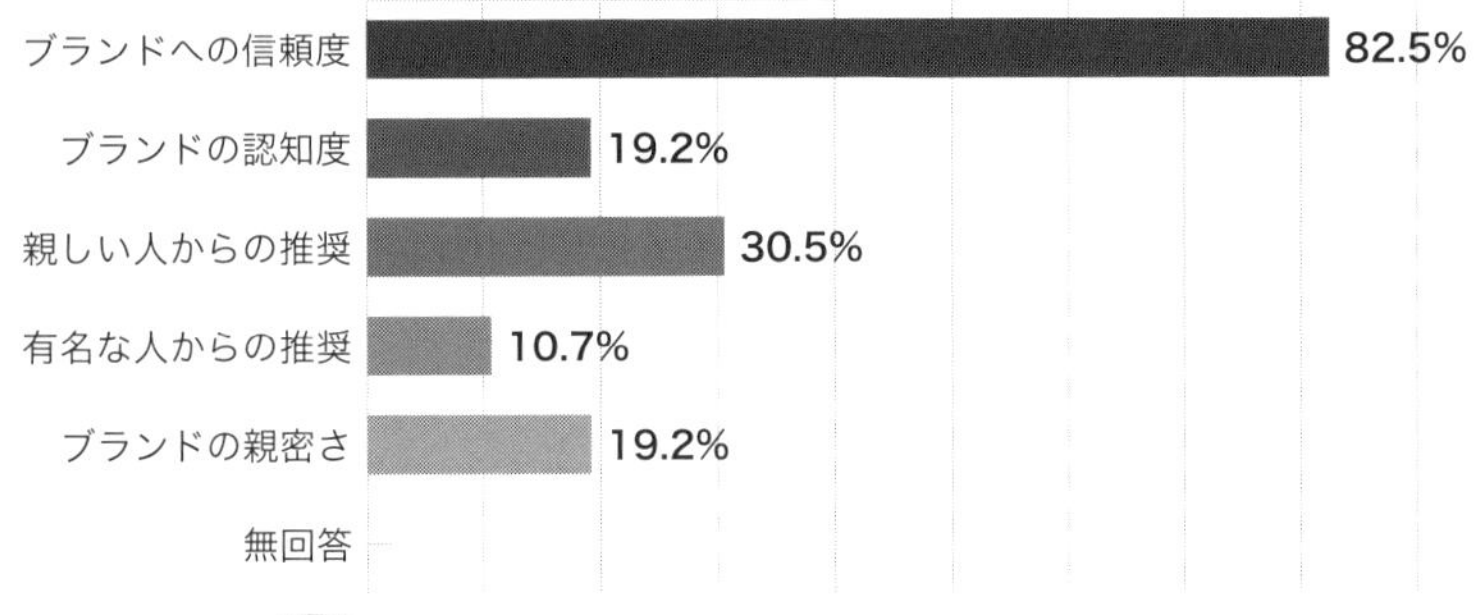

1位：ブランドへの信頼度
2位：親しい人からの推奨

ブランド信頼はもちろんだが、
自分の身の回りからの推奨は購入検討時の大きな要因になる。
＝既存顧客へのコミュニケーションを通したファン化が重要！

『○○さんが、良いって言っているから』
という理由でそのブランドを選ぶという方が非常に多いという結果でした。

リピート購入する理由はなんですか？

『商品がとても気に入っているから：89．6％』
『ブランドがとても気に入っているから：52．6％』

……という回答が多く、次いで多かったのが、

『店舗の人が好きだから：18．2％』
『神対応をしてもらったから：11．7％』

というような、いわゆる接客の部分や店員さんと接する部分について満足度を得ているからリピートする、というような方が多かったのが印象的です。

『お得な特典が多いから：3．9％』と比べると、ブランドとしては特典を多く与える

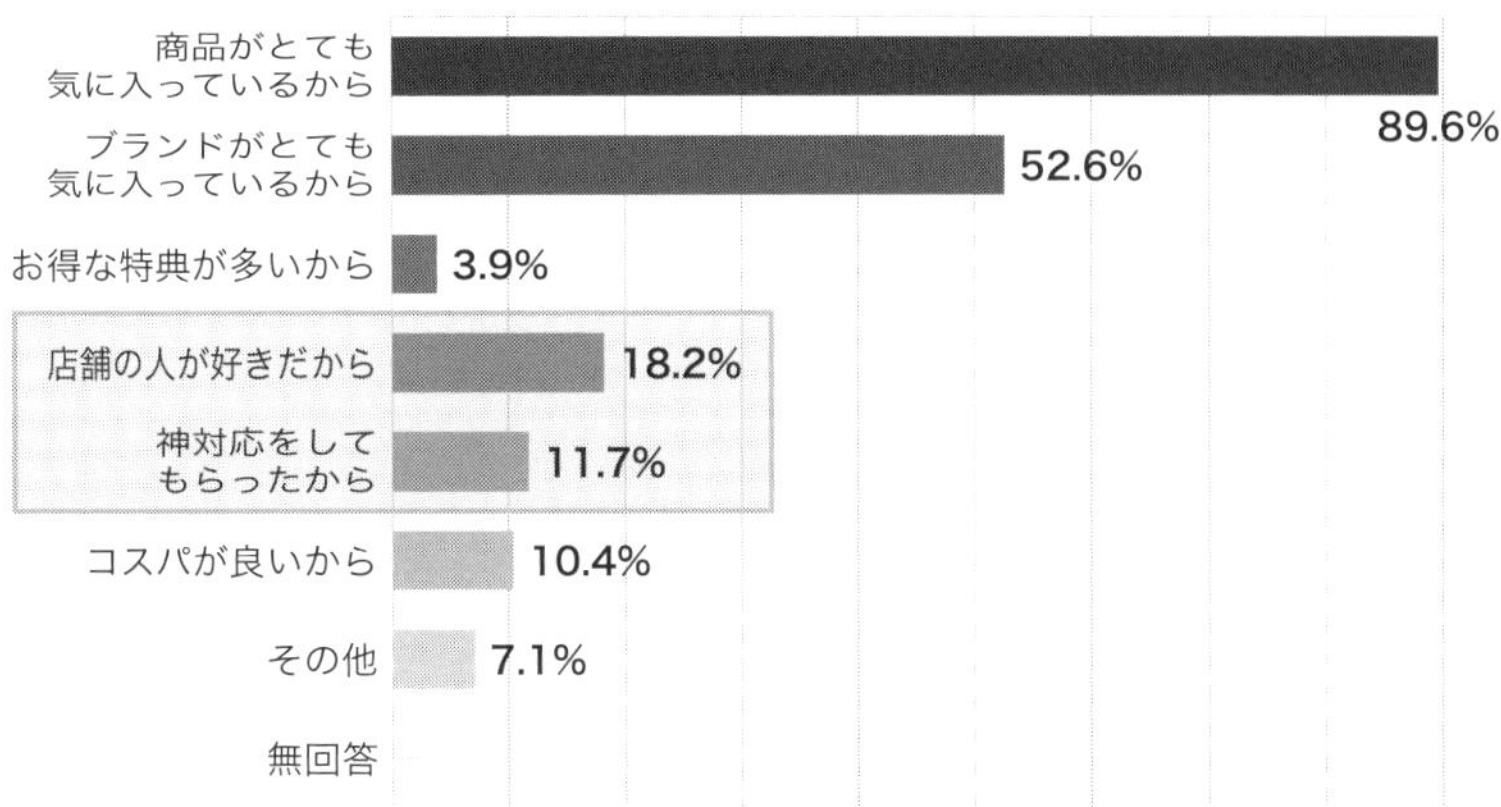
リピート購入する理由はなんですか？
(回答数：154)
※複数回答可
10%
20%
30%
40%
50%
60%
70%
80%
90%
商品がとても気に入っているから
89.6%
ブランドがとても気に入っているから
52.6%
お得な特典が多いから
3.9%
店舗の人が好きだから
18.2%
神対応をしてもらったから
11.7%
コスパが良いから
10.4%
その他
7.1%
無回答

ブランドが好きは
もちろん、
特典に惹かれる人は最も低く、
人やサービスに惹かれているが多い
POINT

よりも、接客部分に重点を置く方がファンのリピートを獲得しやすいことが分かります。

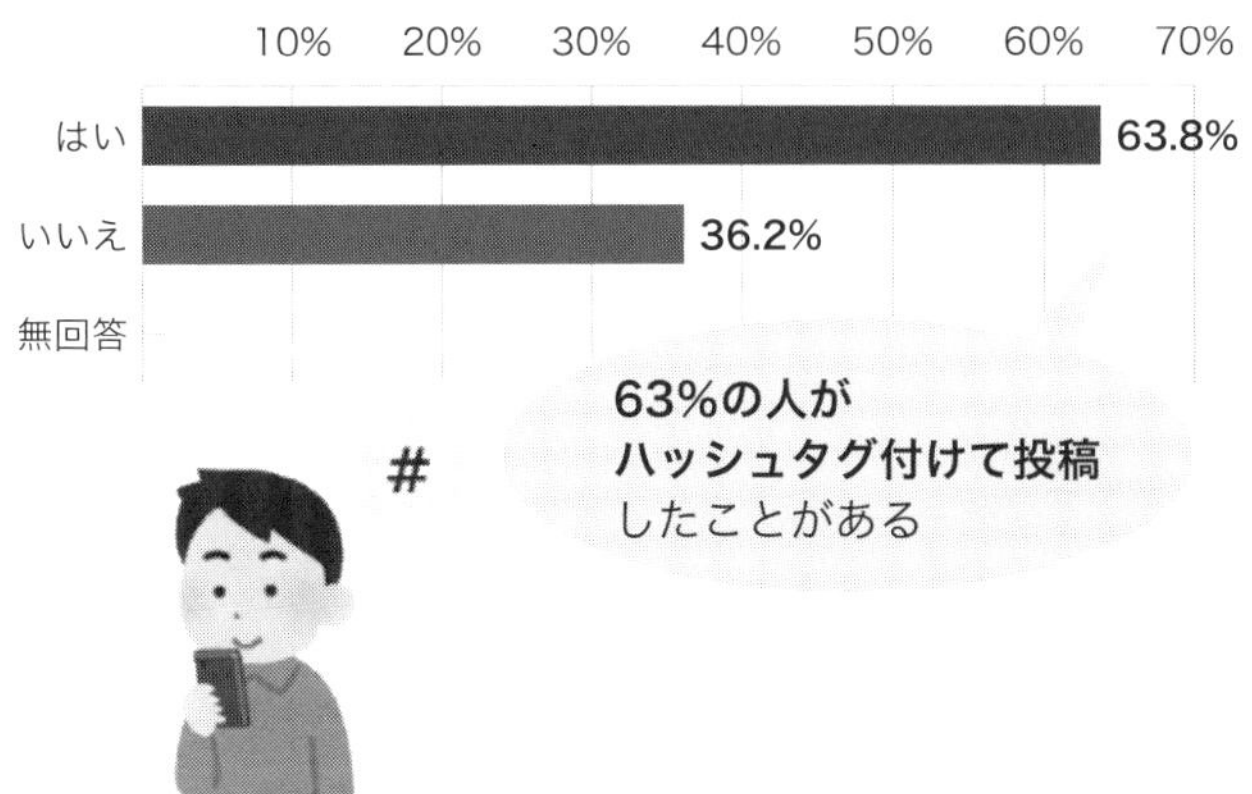

SNSでハッシュタグやタグ付けをして投稿したことはありますか？

『はい：63．8％』と言う回答が多く、能動的に投稿をする方の多くは、ブランド名や店舗名をハッシュタグにして付けてみたりブランドのアカウントをタグ付けして投稿しているのではないかと思います。

ブランドからSNS上でコメント（リプライ、返信、引用RT、ダイレクトメッセージなど）をもらったことはありますか？

『いいえ：54．2％』という結果でした。能動的にブランド名をハッシュタグ付けして投稿する方が多いにもかかわらず、ブランドからは接触されたことが無い方が多いという結果でした。（もったいない）

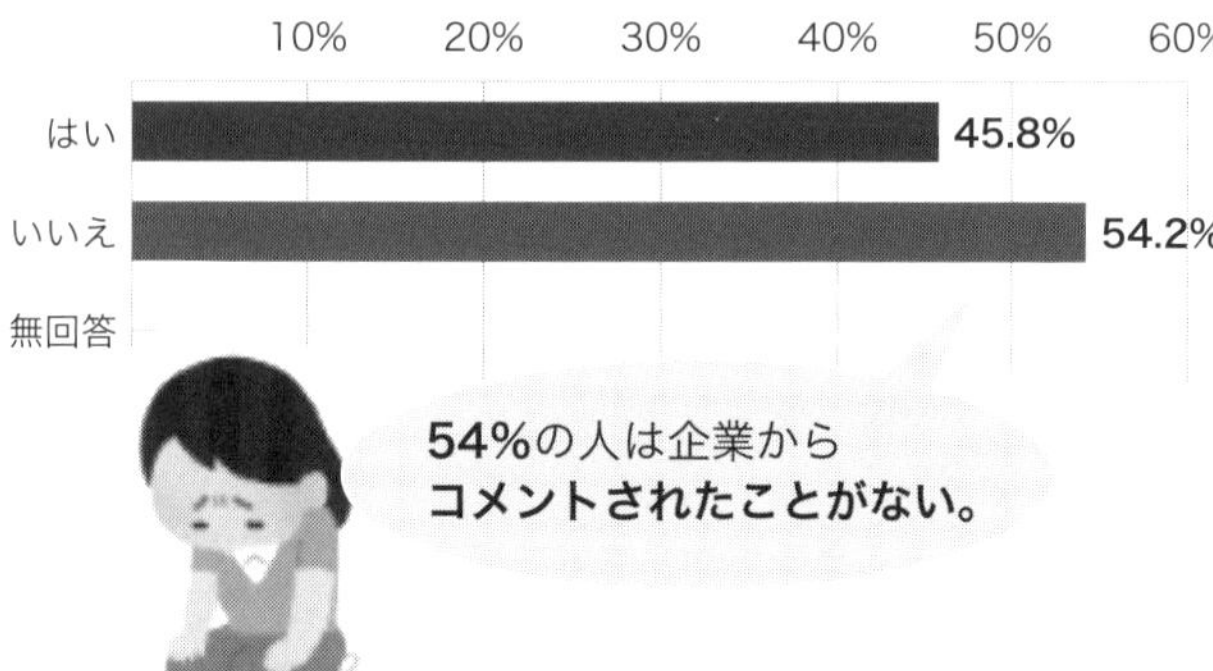

ブランドからコメント（リプライ、返信、引用RT、ダイレクトメッセージなど）をもらった場合、そのブランドへの好意度は上がりますか？

『すごく上がる：49．7％』、『上がる：36．7％』……合計すると86．4％もの方がブランドからの接触に好意度が上がるという結果でした。

ブランドからの積極的な接触やコミュニケーションによって、ファンの熱量を上げていけることが分かります。

そして面白い結果だったのが、『下がる：1．1％』という回答です。

ブランドからの接触に対して、嫌だと思う方もわずかですが存在するということになるわけですが、ここで考えなければいけないのは、ブランドからファンに接触する際に、誰彼構わず接触するのではなく、接触する前に、ブランドからSNS上でコメント（リプライ、返信、引用RT、ダイレクトメッセージなど）をもらった場合、そのブランドへの好意度は上がりますか？
(回答数：177)
※複数回答可

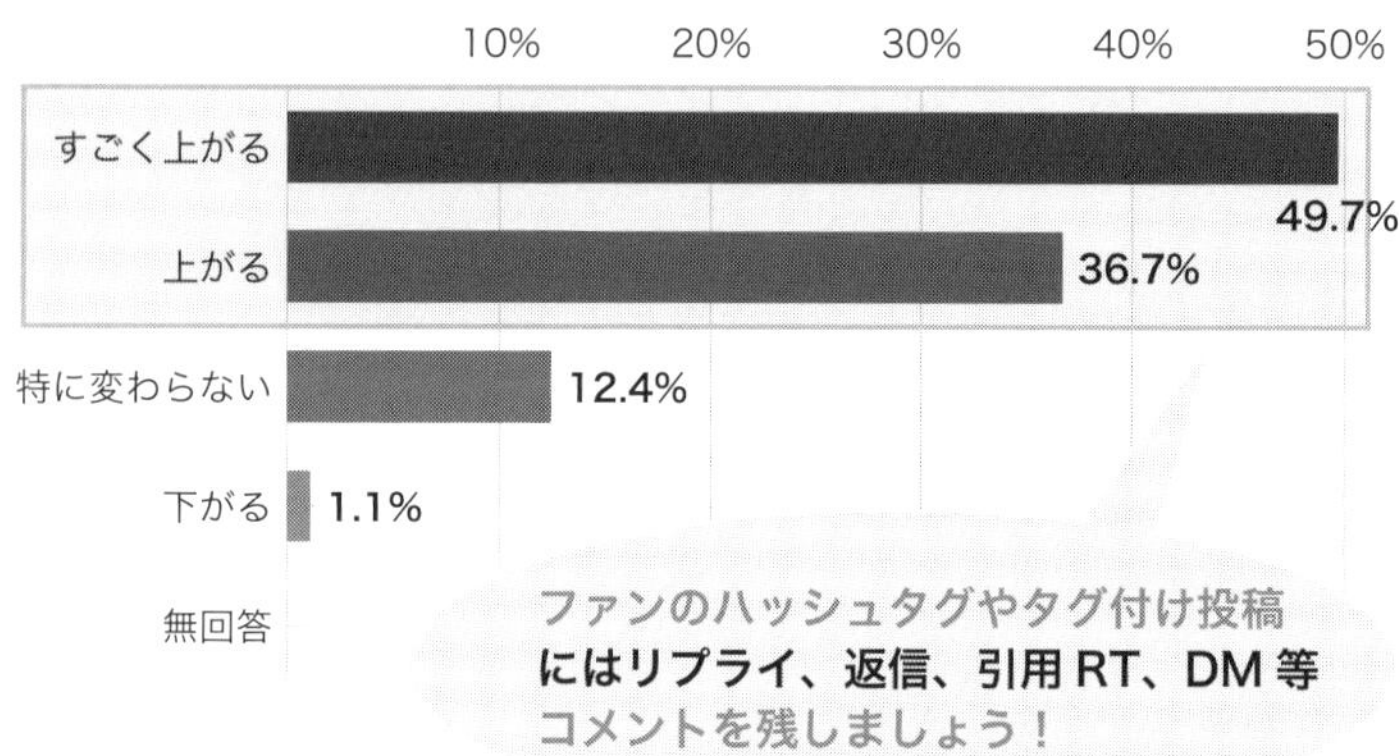

『どんな人なのか？』
『どう接触すべきか？』
『接触するタイミングはいつが良いのか？』

……などを見極める必要があるということです。

SNS上にはそのファンの方の色んな情報があふれています。どんな人と繋がっているのか？どんな投稿をしているのか？友だちとどんな言葉遣いで話しているのか？プロフィール文にはどんなことが書いてあるのか？過去に自社ブランドに対してどんな感想を抱いているのか？・・・などの情報を得た上で、接触するかしないか、するとしたらどのように接触するとファンが喜んでもらえるのか？　という視点で考えると良いでしょう。

商品購入やサービスを受けたことはないが、
フォローしているアカウントはありますか？
（回答数：177）

※複数回答可

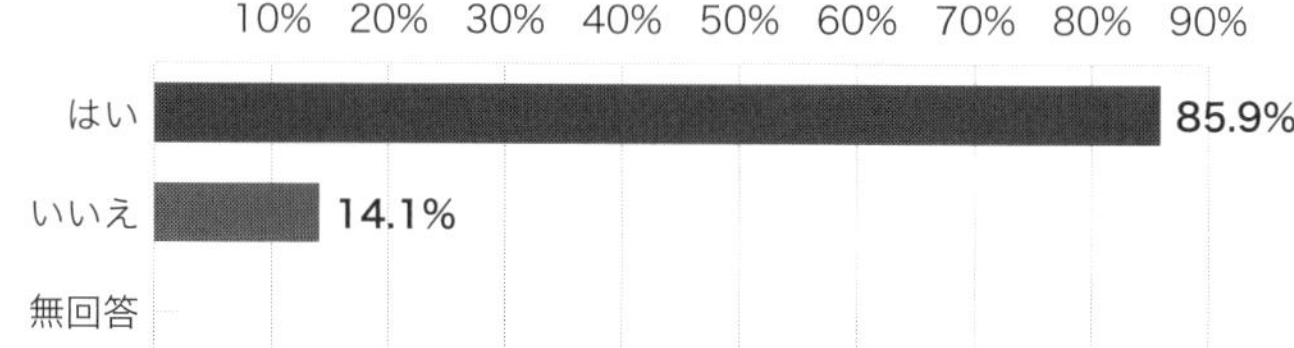

商品購入やサービスを受けたことはないが、フォローしているアカウントはありますか？

『はい：85.9％』という結果でした。

私自身もTwitterやInstagramで、未購入のブランドのアカウントを数多くフォローしているのでこの回答結果は納得でした。

フォローしたきっかけは何ですか？

『いつか購入したいと思っているから：63．3％』と言う結果でした。

つまり、ＳＮＳは未購入の潜在層と接触できる非常に有効なツールだという事が分かります。

次いで多かったのが、

『有益な情報をたくさんツイートしていたから：43．4％』

『面白いツイートをたくさんしていたから：43．4％』

……と、そのＳＮＳアカウントの発信内容に惹かれている方が多く、逆に、

『お得なキャンペーンをたくさんしていたから：11．2％』

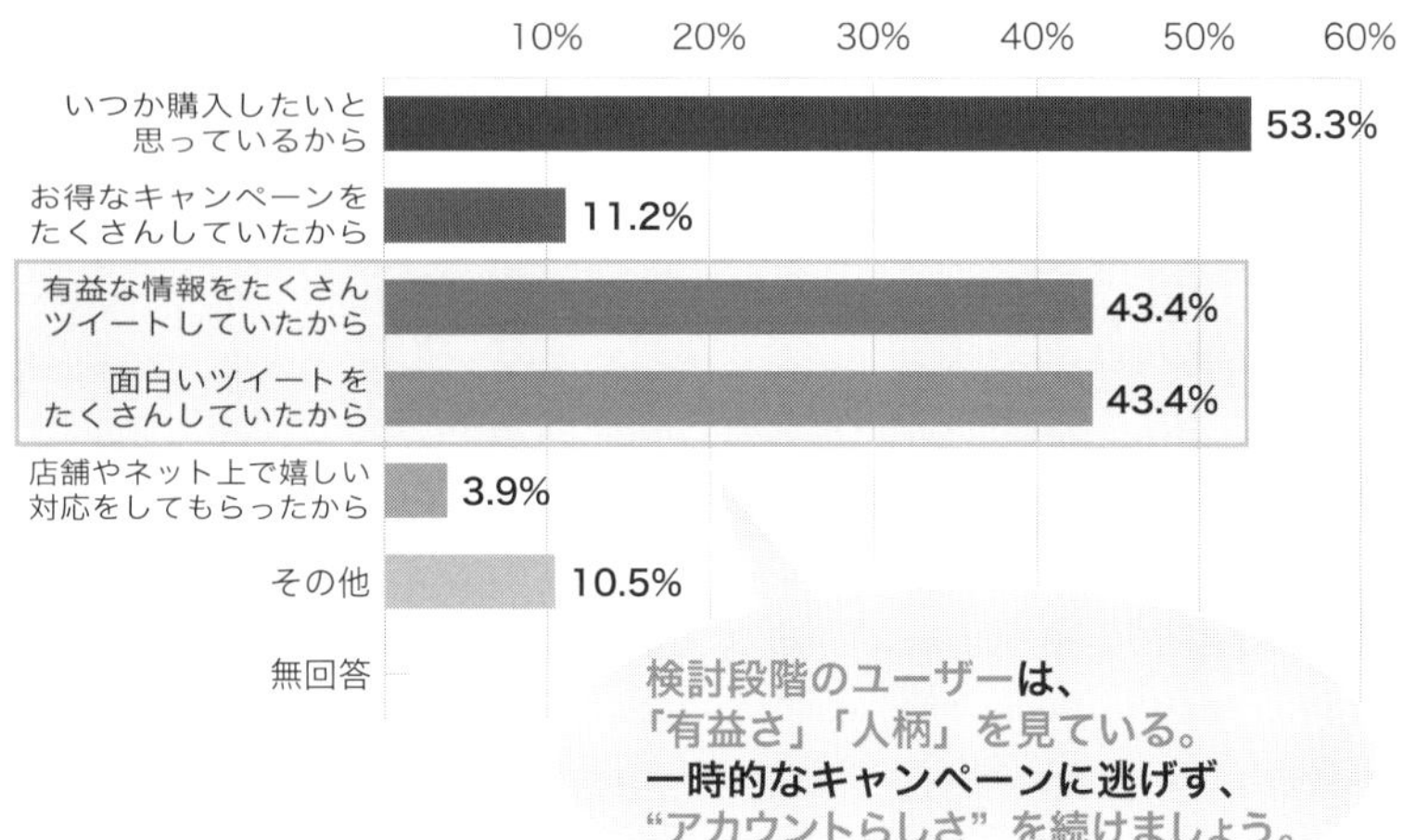

…という具合に、安易にお得さを押し出すことが必ずしもフォローという行為に繋がらないことが分かります。

検討段階のユーザーは、『有益さ』や『人柄』を重視しています。

一時的なキャンペーンなどに逃げずに、〝ブランドらしさ〟を続けていくことが重要だと思います。

ブランドのアカウントをフォロー整理（フォロー解除）することはありますか？

『はい（フォロー解除する）：69．5％』

……と約7割もの方がフォロー解除する、というアカウント運用担当者にとっては恐ろしい回答結果でした。

では、どんな理由でフォローを解除するのか、と聞いてみると、

『キャンペーンが多いから：32．2％』
『一方的な情報発信ばかりだから：42．9％』

ブランドのアカウントをフォロー整理（フォロー解除）することはありますか？
(回答数：177)

※複数回答可

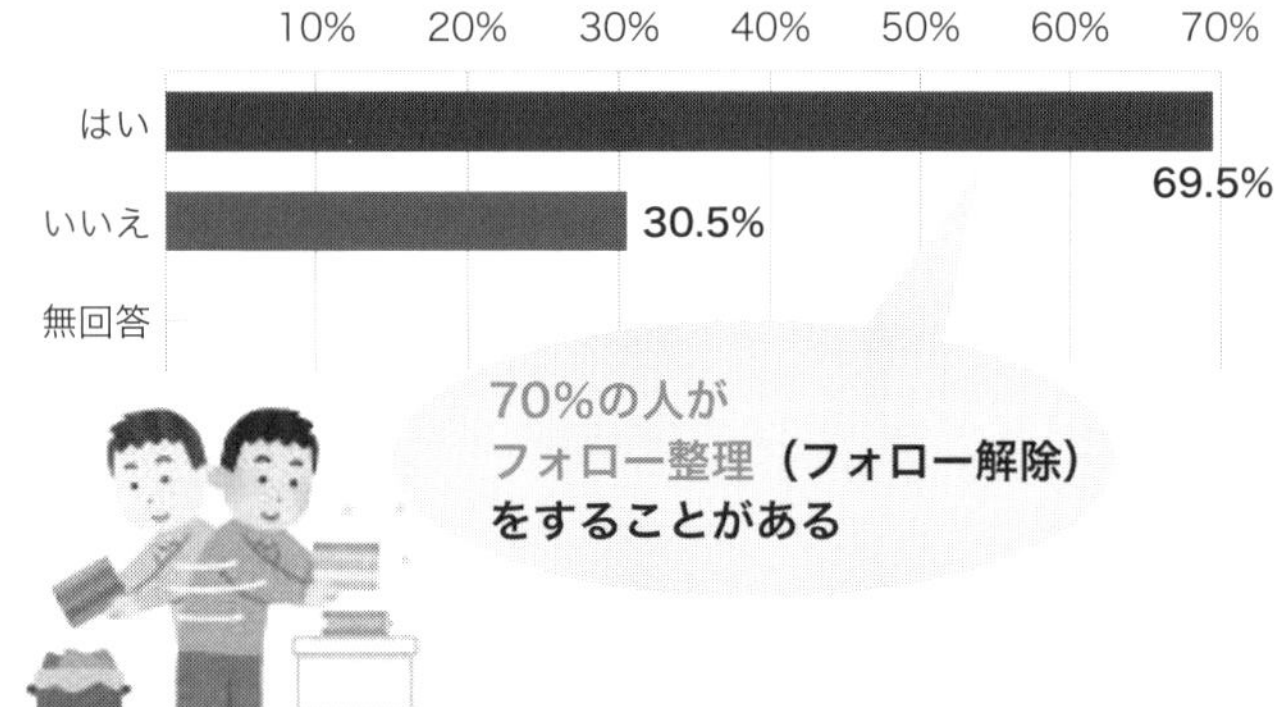

という意見が多くありました。

つまり、一方的な情報発信ではなくて、ファンがどういう投稿をしたら反応してくれやすいかな？ どういう投稿をしたら喜んでくれるかな？ と考え、そしてファン心理を読み取りながら、会社やブランドとしてどういう情報を発信していくべきかをきちんと考えていく必要がある、ということがお分かりいただけると思います。

ファンにとってはお得なキャンペーンの多さはフォローし続ける理由にはならず、むしろフォロー解除される要因になってしまう可能性が高いということです。

どのような理由でフォロー整理（フォロー解除）しますか？
するとしたらどのような理由ですか？
(回答数：177)

※複数回答可

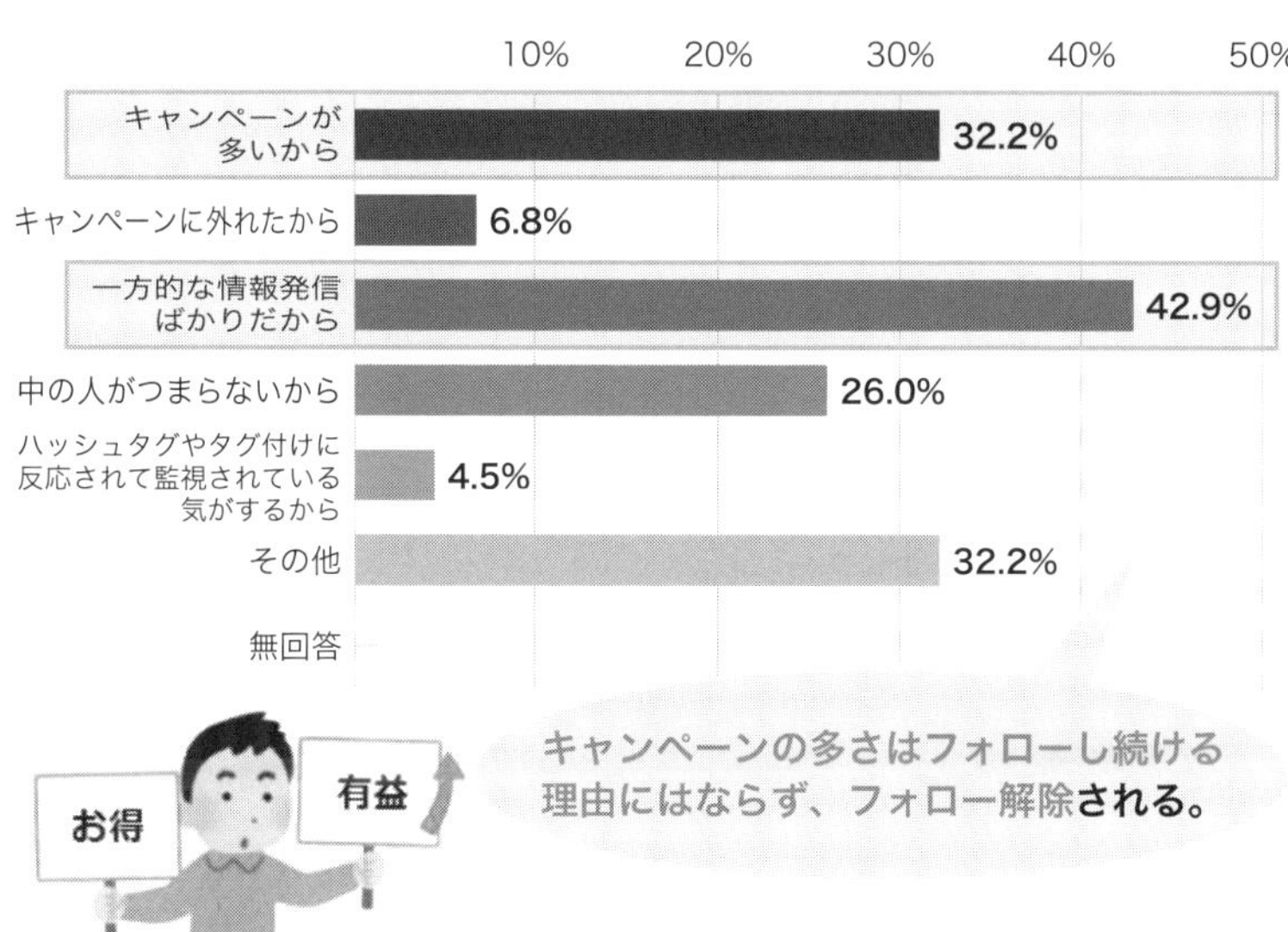

逆に、どんなアカウントだとフォローし続けたいと思いますか？

……という質問に対しては、

『有益な情報発信をしてくれるアカウント：79．1％』

『中の人が面白いアカウント：62．7％』

……という結果でした。

企業よがりの一方的な情報発信ではなく、有益さや面白さが

どんな公式アカウントだったらフォロー し続けたいと思いますか？　※複数回答可
(回答数：177)

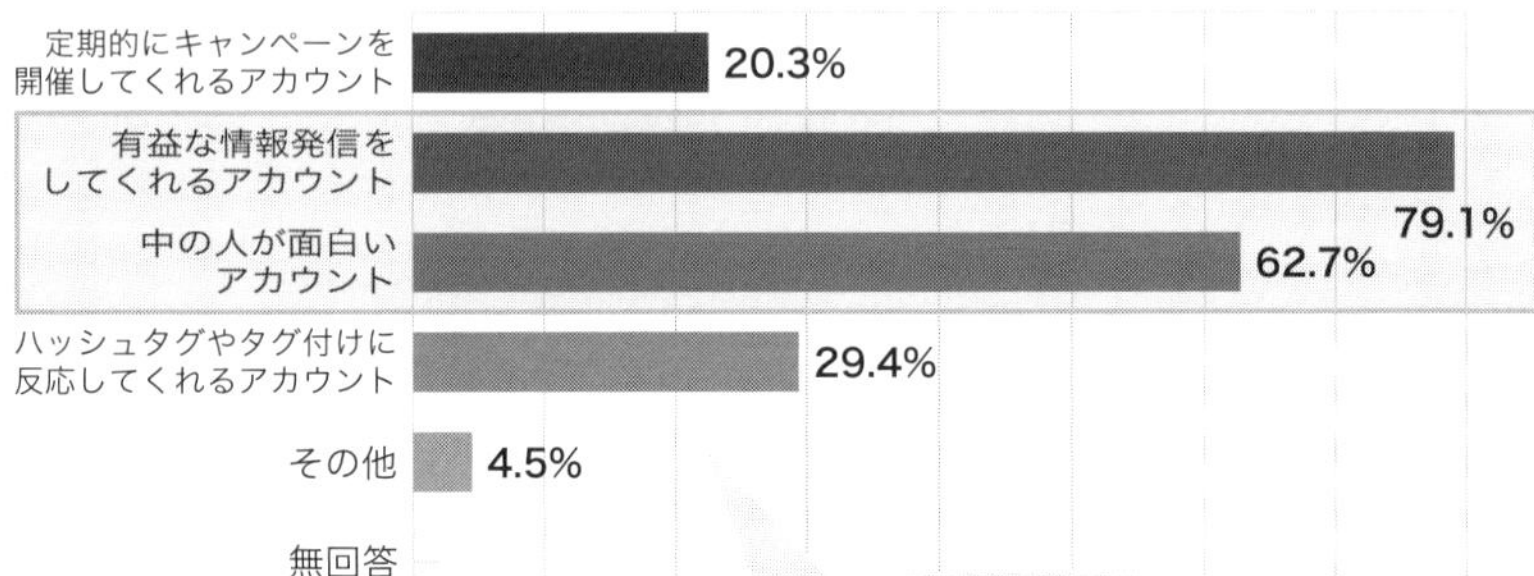

一次的な情報発信は受け入れられず、
有益さや面白さが継続フォローに繋がる。
「なにが有益なのか」はコミュニケーション
によりキャッチアップしましょう。

継続フォロー、つまりファン化に繋がるのです。何が有益なのか？どんな内容だったら面白いと思ってもらえるのか？……明確な答えはなく、常にファンに寄り添い、ファンに率直に聞いてみるのが良いと思います。

神対応されたことはありますか？

『はい：45．2％』

『いいえ：54．8％』

……なんと、半数以上の方が神対応された経験が無いのです。


アンケート結果の中で一番驚いた項目でした。

どのレベルをもって神対応とするかはその人ごとの判断かと思いますが、神対応されたことがある方はお分かりように、その状況やその時の感情などを鮮明に思い出せると思います。

神対応をされるということは、言い過ぎかもしれませんが、未来永劫それが強烈な思い出になるのです。

ファンを創るには神対応は必須です。

自社で出来る神対応を考えていきましょう。

神対応5要素

ファンマーケティングにおけるノウハウについて、最後にして一番大事なものがこちらです。『神対応してもらった』という経験は半永久的にその人の心に残るものです。どういった要素があると人は神対応と感じるのか？　分解して考えてみました。

〈工数〉
〈タイミング（スピード）〉
〈表現〉
〈共感〉
〈行動〉

私自身が感動したり面白いなと思った神対応事例をいくつか紹介したいと思います。

神対応５要素

①工数

5：業務外で自分の頭と暗闇を使っていると想定される
4：業務内で自分の頭と暗闇を使っていると想定される
3：一般的な対応
2：機械的、自動化されたもの＋α
（事前に用意されたものに簡単なアレンジを加えたもの）
1：機械的、自動化されたもの（コピペレベル）

②タイミング（スピード）

5：即〜6 時間以内（先回り）
4：6〜12 時間
（担当が自ら気づいて即対応）
3：12〜24 時間
（周囲から声をかけられ、気づいてから対応）
2：24〜36 時間
（他の行動を見て便乗）
1：37 時間以上
（事が済んだ後に行動）

③共感

5：ペルソナ目標ない人でも
すごいと思った
4：ペルソナがすごいと思った
3：ペルソナの感情が
ニュートラルな状態
2：ペルソナが不快に思った
1：ペルソナに関係ない人にも
不快な感情が生まれた

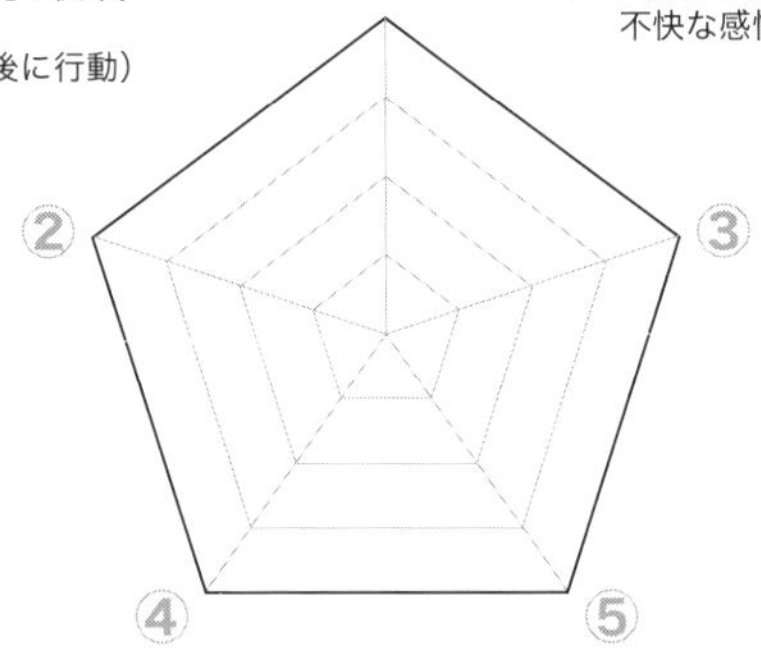

④表現

5：対象が望む以上のことを表現できた
4：感情が伴い、対象に寄り添った表現
3：一般的な対応
2：機械的、自動化されたもの
（感情が簡素）
1：機械的、自動化されたもの
（感情が見えない）

⑤行動

5：リアルで誰かを巻き込んだ、
ペルソナに関係ない人々が行動した
4：ペルソナが行動した
3：行動宣言、多くの人が話題にあげた
2：行動しない
1：ネガティブな発信行動を行う
（炎上も含む）

ルピシア　強盗

ルピシアはファンマーケティングを実に丁寧に実行されているブランドです。

札幌のイオンにルピシアさんの店舗があるのですが、以前そこに強盗が入り店内をめちゃくちゃにしてしまいました（もちろん犯人はすぐ捕まりました）。

SNS上ではルピシアを検索すると強盗関連のニュースが溢れてしまっている状態に。

ルピシアファンからすると、自分の大好きなブランドがネガティブな記事で溢れているのは悲しい出来事なはずです。

大好きなブランドに強盗が入ってしまった、しかも札幌のイオンだから助けに行くことも容易ではない。ではファンである身として何ができるか？と考えた末、

『これまで通り、もしくはこれまで以上に商品を購入することでお金をルピシアに落

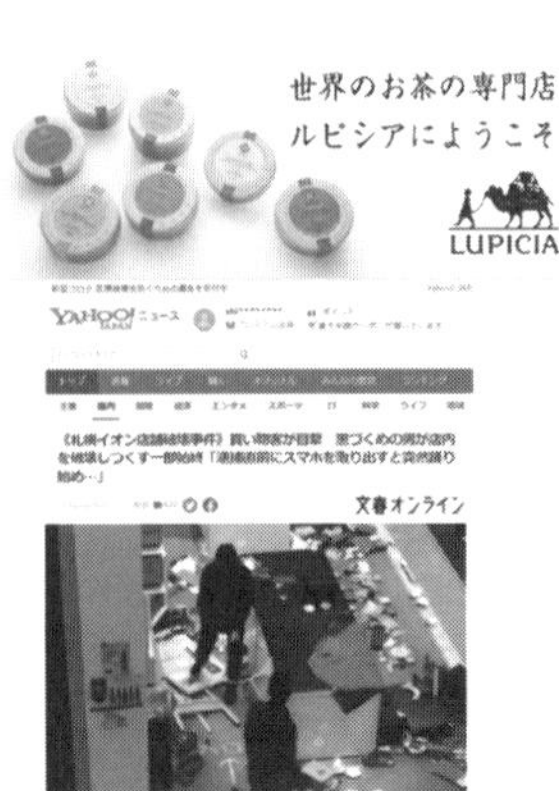

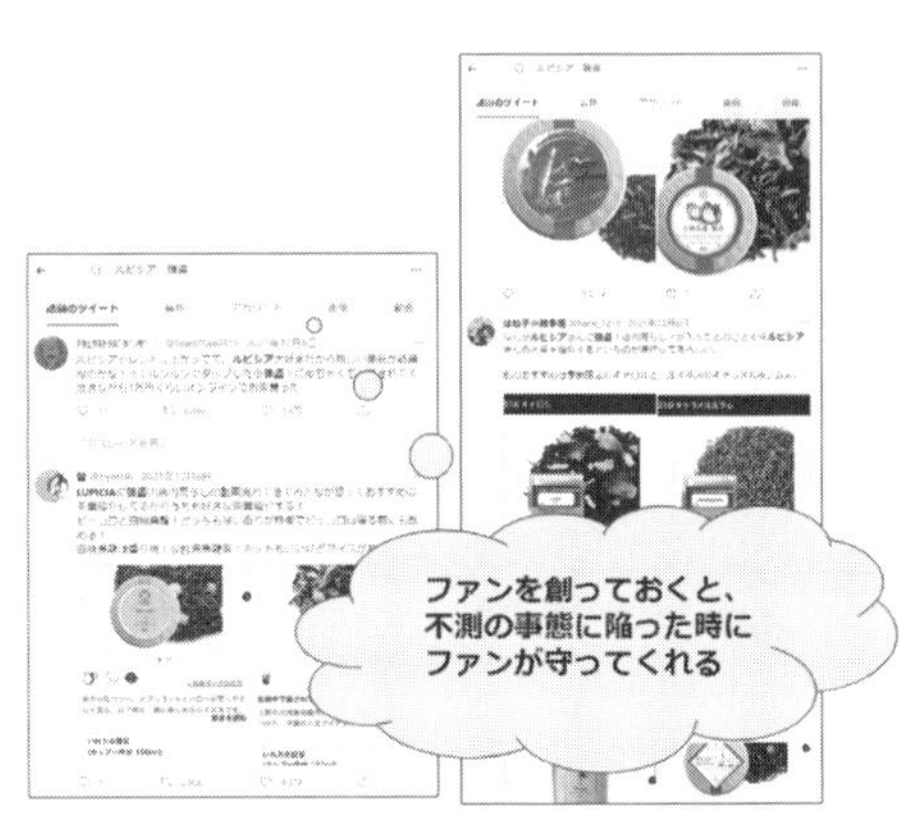

として、売上で貢献しよう』とファンが行動を起こしました。

また、強盗のニュース記事や動画をみた方々が『ルピシア　強盗』と検索した際に、ファンによるルピシアのおススメ茶葉の紹介投稿で溢れている状態が今作られています。

そういったファンの投稿も多いもので2900件もの拡散がされています。

『ルピシア　強盗』で検索しているにも関わらず強盗のニュースよりもおススメ茶葉の紹介投稿の方が多く見られるという状態になっているのです。

ファンを創っておくことで、こういった不足な事態が起こった時にもファンが助けてくれることがあるという事例ですね。

ＪＲ西日本　富山駅　忘れ物

ある乗客が新幹線の社内にお気に入りのタンブラーを忘れてしまったとのこと。
調べたところ、富山駅に届いていることが分かり問い合わせた結果、

『ご指定の住所までお届けしますよ』

と対応してもらえることに。
届いたタンブラーと一緒に届けられていたのは、

『富山駅→お客様』

と表記された新幹線の切符。

GIraFFE @Natt82009413 · 1月29日

新幹線に忘れてしまった
タンブラーが富山駅に届いていました

関東に住んでるのでタンブラーのために
富山まで行くのはなぁの思ったのですが
郵送で送ってくれました

開けてみたら
粋なメッセージカードもついてて感動😍
富山駅のみなさん素敵です！

次は目的地として伺います！

#JR西日本 #富山駅

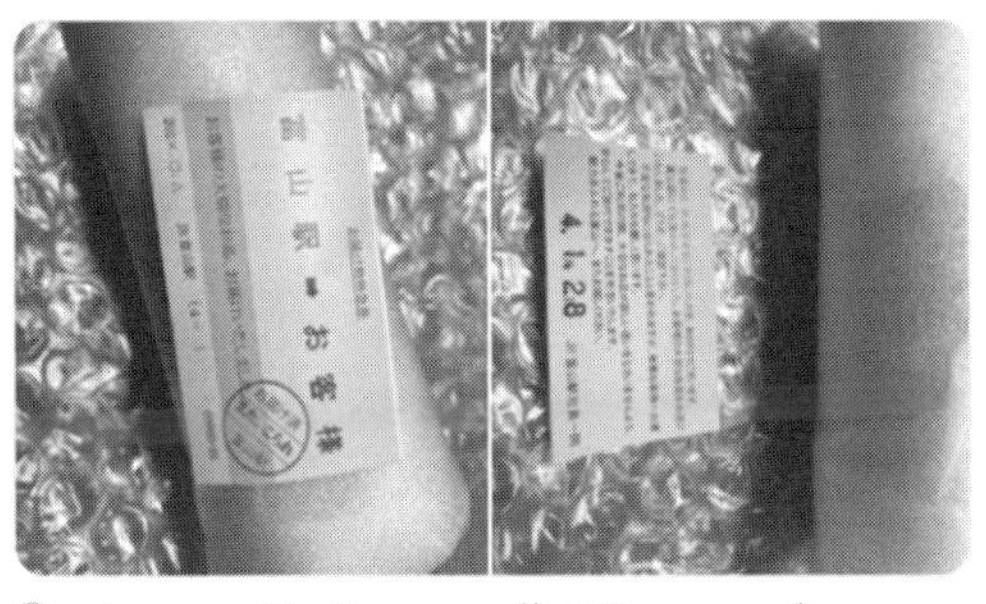

111　1万　2.7万

これは粋な計らいですね。

これに感動したのかSNSに投稿したものが1万人以上からの拡散や2．7万人からのいいねというアクションにつながりました。

映画『ブレット・トレイン』（字幕対応）

映画『ブレット・トレイン』の運営側の神対応事例です。

難聴の方が、字幕付きの映画なら楽しめると思い、映画を観に行ったところ、日本語で会話するシーンには、字幕がなかったそうです。キャストの一人である真田広之さんのセリフ部分に字幕が無かったため、真田広之さんのセリフだけ意味が分からなかったと、SNSに投稿されました。

この投稿を映画関係者が見たかどうか定かではありませんが、その2日後には日本語シーンに字幕がついて難聴の方でも映画を楽しめるようになりました。

映画関係者の素早い対応に拍手を送ります。

ユカコ@デフサポ（難聴児のことばの教育と企業… @d… · 9月21日

聞こえない私、洋画なら楽しめるのでワクワクしながら「ブレット・トレイン(字幕版)」を見に行ったのですが、まさかの日本語の部分は日本語なし…。

真田広之さんが日本語で話しているところ全て空白で、何を言ってるのか一切わからず…。字幕版を必要としている聴覚障害者がいることを知って欲しい〜

68　7,964　2.2万

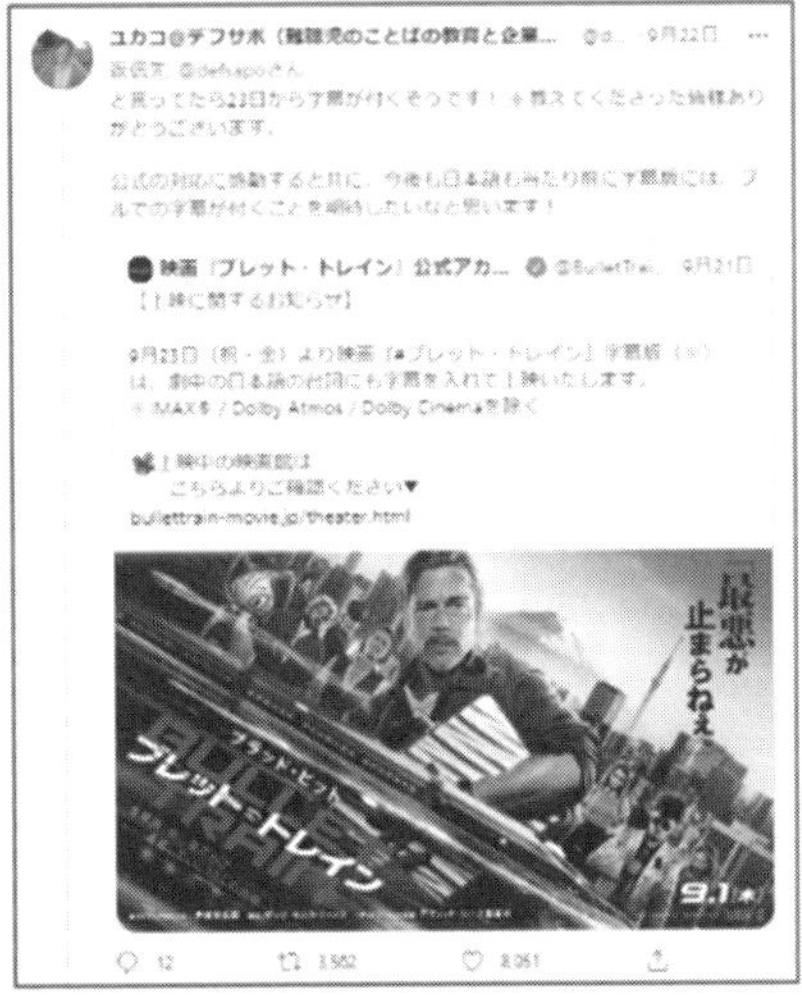

ユカコ@デフサポ（難聴児のことばの教育と企業… @d… · 9月22日

返信先: @defsapoさん

と思ってたら23日から字幕が付くそうです！教えてくださった皆様ありがとうございます。

公式の対応に感謝すると共に、今後も日本語も当たり前に字幕版には、フルでの字幕が付くことを期待したいなと思います！

映画『ブレット・トレイン』公式アカ… @BulletTrai… · 9月21日

【上映に関するお知らせ】

9月23日（祝・金）より映画『#ブレット・トレイン』字幕版（※）は、劇中の日本語の台詞にも字幕を入れて上映いたします。
※IMAX®／Dolby Atmos／Dolby Cinemaを除く

上映中の映画館は
こちらよりご確認ください▼
bullettrain-movie.jp/theater.html

12　3,562　8,051

タクシー運転手（さり気ない気遣い）

あるタクシー運転手の神対応事例です。

タクシーに乗ろうとした乗客がベビーカーに乗せたお子様をお連れだったことにに気付き、自然な対応でベビーカーを畳んで積んだけでなく、そのお客様が降りる際には、わざわざ日陰に停車して、ベビーカーを降ろしながら組み立て、ベビーカーのカゴに荷物を入れることまで手伝ったそうです。

その行為に感動したお客様が、ＳＮＳに投稿しました。この心温まる投稿には、2.7万件の「いいね」と１８００件以上のリツイートがされました。狙って神対応を実施した訳ではなく、自然体での神対応が高評価を得た事例と言えます。

ミニワーク 約２分

読者の皆様が関わっているブランドにおいて、

ドラミ@5m
@6w81833105

きょう東京駅から乗ったタクシー、乗車時に「わたくしが畳んでもよろしいですか？」ってサクッとベビーカー畳んで積んでくれて、降車時には「あっ、もう少し前に出しますね」って日陰で停車してくれた。で、再びサクッとベビーカー立てて「お荷物、下(かご)に入れますか？」って手伝ってくれて、なぜ→

午後11:12 · 2022年8月26日 · Twitter for iPhone

1,808 件のリツイート　63 件の引用ツイート　2.7万 件のいいね

ドラミ@5m @6w81833105 · 8月26日
返信先: @6w81833105さん
→こんなに気が回るんだろうと思って尋ねてみたら、『4人の子がいますんで』とのこと。
自分から「いやーうちも4人子どもがいましてねぇ～」とか自分語りしてくるタイプじゃないのも奥ゆかしくて最高だった

9　796　1.7万

『どんな神対応ができそうでしょうか？』

・工数
・タイミング（スピード）
・表現
・共感
・行動

……の5つの要素から考えてみましょう。

第6章

ファンマーケティング総論

ここまで、ファンマーケティングの基本から実践について語らせていただきましたが、どの程度ご理解いただけましたか?

Instagram や Twitter(X)、YouTube、TikTok、LINE・・・など、SNSには本当に多くのプラットフォームがあり、『自分たちのファンがどのようなSNSを使っているのか』という観点から、自分たちはどのSNSを活用すべきなのか、ということを考えていく必要があるのではないかと思います。

購買決定における影響力の順位でも、家族・友人・知人からの推奨の重要度が高くなっていますが、ポジティブな口コミ、ネガティブな口コミに、人は大きく影響を受けてしまうケースが多々ありますので、ポジティブな口コミが増えるように動いていく必要があります。

最終的に、ファンが自走してくれる状態まで持っていくための『ファンマーケティングの16フェーズ』、7〜8番目くらいで止まっていませんか?

SNS活用やファンマーケティングのゴール

ブランド開発	①	ブランド開発
	②	リサーチ (ブランド・ターゲット・ファン心理・市場・競合)
	③	ブランド改良
戦略設計	④	ファン創りにおけるKGI・KPI設計
	⑤	社内啓蒙（理解促進、他部署協力要請など）
情報発信	⑥	レギュレーションを決める（運用ルール・役割分担）
	⑦	情報発信
	⑧	プロモーション
ファン コミュニケーション	⑨	レギュレーションを決める（運用ルール・役割分担）
	⑩	ファンコミュニケーション（オンライン・オフライン）
	⑪	ファンの管理
ファンレベル向上	⑫	レギュレーションを決める（運用ルール・役割分担）
	⑬	育成
共創	⑭	レギュレーションを決める（運用ルール・役割分担）
	⑮	Closed Fan Community
	⑯	共創

ファンマーケティングのゴールは
『ファンが自走している状態』

売上UP＆広告宣伝費DOWN

広告宣伝費の効率が上がること

ファン定義4種（再掲）

愛	売上
1.未体験	1.購入歴無し
2.体験者	2.興味・購入意思有り
3.体験＋感想	3.購入者
4.意見・要望	4.回数・頻度が多い購入者
5.欠かせない存在	5.継続年数・投下金額が多い購入者

知識	推奨
1.知らない	1.推奨経験無し
2.興味関心有り	2.指定ワードを含まない推奨
3.自然と見聞きするレベルの知識	3.指定ワードを含む推奨
4.個々での情報収集が必要な深い知識	4.指定ワード＋ポジな意見や感想
5.社員レベルの知識	5.他人の行動を促す推奨

まずやるべきことは、『ファン定義4種』の設計です。

自社のファンを定義すること。自社のファンにはどういう存在で在って欲しいかを明文化してみましょう。

そして、自社にはどのレベルのファンがどれくらいいるのかを測るための、

『ファン分析アンケート』

を使って、ファンに対して、過去、現在、未来における、ファンスコア（愛・知識・売上・推奨）について丁寧に聞いてみまし

ファン分析アンケート

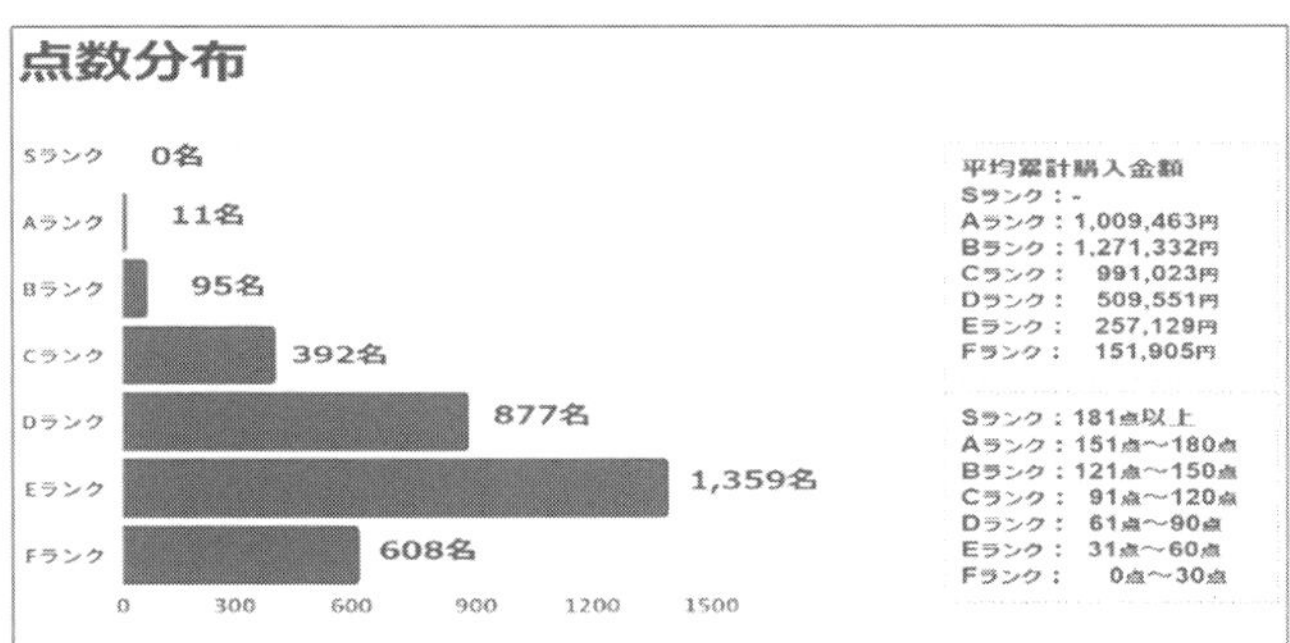

なぜ？ （目的）	ファンの可視化
いつ？ （いつからいつまで？）	●月●日〜●月●日（2週間）
どこで？ （SNS？店頭？メルマガ？）	LINE、Twitter、Instagram、直営店
だれが （会社？部署？個人？）	●●ブランドとしてアンケート取りたい
だれに （コアファン？潜在層？まんべんなく？）	全体的な調査をしたい
何を （愛？知識？売上？推奨？他？）	売上データはあるので、愛、知識、推奨レベルを測りたい
どのように （SA？MA？FA？/紙？WEB？）	FA（フリーアンサー）中心にWEBアンケート
いくらで （インセンティブは？）	回答者の中から抽選で50名に●●をプレゼント

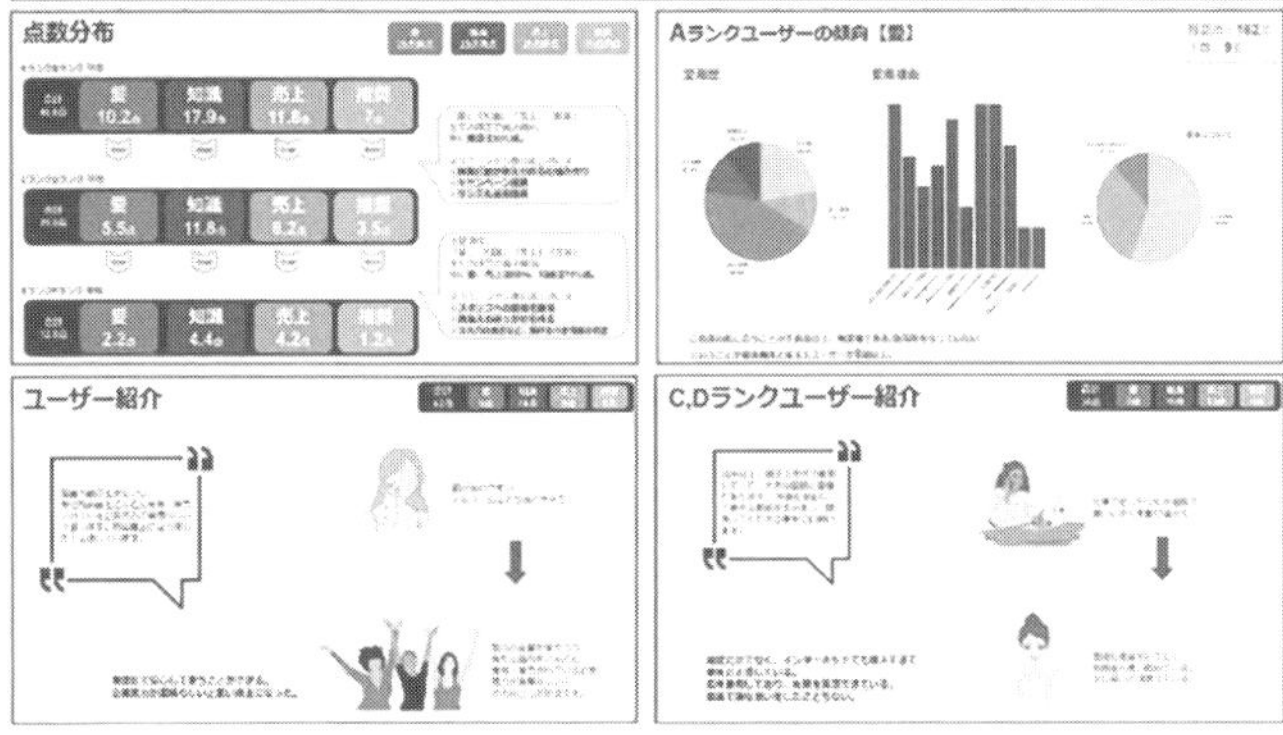

ょう。

ファンの声が把握できたら、その内容を基に、店頭やWEBやSNS上でのファンコミュニケーションに活かしていくのです。

・ファンの購買データ
・アンケート回答データ
・SNS上のデータ

……ファンマーケティングにおけるデータとは、それらを全てかけ合わせることです。出来る限りファン一人ひとりと向き合い、ファン一人ひとりに最適な神対応を実施することに繋がります。

2024年現在、良いモノを作るだけで売れる時代ではありませんし、企業側からの一方的な情報発信が簡単に伝わる時代ではありません。

それでも、良いモノでなければファンは創れません。

ファンと共に、企業もいちユーザーとして、地道にファンと接していくことや神対応を当たり前にしていくこと。

それがこれからの企業の存続に重要な施策の一つと言えるでしょう。

大変なことのように感じると思いますし、実際大変です。

それでも、

『ファンが喜んでくれる』

『ファンに喜んでもらうために何が出来るかを考えている時の楽しさ』


……これらを実感できるはずです。

ＳＮＳは流行り廃りのスピードも早く、アルゴリズムの変化のスピードも凄まじいです。

これらに合わせるのではなく、その先にいるファンが何を欲しているのか？　どうやってファンと繋がっていくのか？……に目を向けましょう。

ＳＮＳは拡散ツールではなく、ファン探索ツールであり、ファンコミュニケーションツールである、と認識することが重要です。

こういった地道なコミュニケーションや分析が、筋トレ効果となり、数ヶ月後、数年後に大きな成果を導き出します。

短期間で大きな効果を産む可能性は低いかもしれません。

ですが、効果が出始めてからは、ファンがファンを呼ぶ流れを実感できると思いますし、何より読者の皆さんの会社やブランドの強い味方となってくれることでしょう。

最後に、次の二つの言葉を読者のみなさまに贈ります。

（1）物事が順調に進んでいる時にはライトファンは増えるがコアファンは増えない

（2）苦境を乗り越えようとしている時、何かに挑戦している時、その挑戦が実を結んだ時にコアファンは増える

ファンマーケティングを真剣に考えてみませんか？

株式会社ＢＯＫＵＲＡまで、お気軽にご相談ください。